Herstellung und Verlag:
BoD - Books on Demand, Norderstedt
ISBN 978-3-7494-8705-9

Burak Tuncel

Die Kreuzigung

Winter in Mir

~ Die Inquisition von Heute ~

Dichterischer Roman

„Es kommt so selten noch eine freundliche Stimme zu mir. Ich bin jetzt allein, absurd allein, und in meinem unerbittlichen und unterirdischen Kampfe gegen alles, was bisher von den Menschen verehrt und geliebt worden ist"

Friedrich Nietzsche

„Also so will es die Art edler Seelen, sie wollen nichts umsonst haben, am wenigsten das Leben. Wer vom Pöbel ist, der will umsonst leben. Wir anderen aber, denen das Leben sich gab. Wir sinnen immer darüber, was wir am besten dagegen geben."

Friedrich Nietzsche

„Einmal alle hundert Jahre begegnet Jesus von Nazareth dem Jesus der Christen in einem Garten auf den Hügeln des Libanon. Und lange sprechen sie miteinander. Und jedes Mal geht Jesus von Nazareth fort mit diesen Worten an Jesus den Christen: „Mein Freund, ich fürchte, wir werden niemals, niemals übereinstimmen."

Khalil Gibran

„In dieser Welt werden die Menschen mit Herz zermalmt, ausgebeutet, unterdrückt. Diese Welt wird von den Berechnenden, den Cleveren, den Herzlosen und Grausamen regiert. Die Gesellschaft ist so eingerichtet, dass jedes Kind im Laufe der Zeit sein Herz verliert und seine Energie stattdessen direkt in den Kopf geht. Das Herz wird verkauft."

Osho

„Die Guten müssen den keuzigen, der sich seine eigne Tugend erfindet. Das ist die Wahrheit. Den Schaffenden hassen sie am meisten, den, der Tafeln bricht und alte Werte, den Brecher, den heißen sie Verbrecher. Die Guten nämlich, die können nicht schaffen, die sind immer der Anfang vom Ende. Sie kreuzigen den, der neue Werte auf neue Tafeln schreibt, sie opfern sich die Zukunft, sie kreuzigen alle Menschen Zukunft."

Also sprach Zarathustra

Das war schon immer meine Gewohnheit. In diesen Tüten sind Samen von Sommerblumen. Vielleicht komme ich niemals mehr diesen Weg entlang, immer unterwegs meine Seele auf endlosen Wegen. Wenn der Sommer kommt und die Blumen erblühen, werden Tausende von Menschen, die diesen Weg entlangkommen, diese Blumen und ihre Farben sehen. Sie kennen mich nicht, doch das spielt keine Rolle. Eines ist sicher, auf diese Weise mache ich ein paar Menschen glücklich. Es spielt keine Rolle, ob sie mich kennen oder nicht. Wichtig ist nur, dass ich etwas getan habe, um jemanden glücklich zu machen. Vielleicht kommen ein paar Kinder und pflücken ein paar dieser Blumen, um sie mit nach Hause zu nehmen. Oder es kommen Liebende vorbei und binden sich daraus einen Kranz, und ohne dass sie es wissen, werde ich ein Teil ihrer Liebe sein. Ich werde an der Freude dieser Kinder teilhaben. Und ich werde ein Teil jener sein, die einfach hier entlanggehen und sich an den Blumen erfreuen.

„Ich will von Christus sprechen, aber nicht vom Christentum. Das Christentum hat nichts mit Christus zu tun. Im Gegenteil, das Christentum ist gegen Christus, genauso wie der Buddhismus gegen Buddha und die Mohammedaner gegen Mohammed sind.“

Osho

Ich verlasse das Haus, in dem ich bislang lebte. Draußen ist es am Schneien obwohl die Jahreszeit Sommer ist. Die Blumen haben ihre Köpfe hängen lassen, sie begleiten mich mit ihren Liedern zur Kreuzigung. In mir herrscht ein trauriger Herbst. Eigentlich ist es wunderschön hier, doch die Menschen möchten nicht, dass ich unter ihnen hier weile. So scheide ich nun von den mir lieben Menschen, wie eine Blume die sich zum letzten Mal öffnet. Der Fluss fließt stets abwärts, so treibe ich mit ihm. Die kommenden Tage bis zu meiner Hinrichtung werden einsam und trüb werden. Ohne Obdach und Nahrung werde ich sein. In einsamen Nächten werde ich mit dem Mond spielen. Nur der Mond und ich, welch eine Schönheit, welch schöne Gespräche wir führen werden. Weit weg von lauten Menschenmassen und dem niederen Volk, welches sie Gesellschafft nennen. Weit weg vom Gebrüll der angeblich modernen Zivilisation, die es sich zur Lebensaufgabe gemacht hat Schlachthöfe zu errichten, um dort jeden Tag Millionen von Tieren zu töten. Im tiefsten Wald, dort sitze ich nun, die Menschen denken, sie hätten mich bezwungen, doch sie wissen nicht, dass sie nicht mich töten werden, sondern die Liebe. Die Liebe in ihren eigenen Welten. Der Mond versteht all meine Poesie und Lyrik. Sie ist das Weibliche und Zarte. Wie schön das Weibliche zu den schöpferischen Künstlern spricht. Sie verstehen einander. Die prophetische Botschaft redet stets die Sprache des Weiblichen, Kindlichen.

Deshalb der Masse Wille mich zu töten. Deswegen stehe ich vor Gericht. Sie haben es auf die Blumen der Schönheit abgesehen. Die Schönheit ist immer ein Dorn in den toten Augen der Herde. Am Anfang der Reise zur Dichtung war mir das bewusst, dass der Tag der Verurteilung kommen wird. Es ist ein Naturgesetz. Die einzelnen Liebenden gegen die Menge der Menschheit.

„Wie könnt ihr den Mond und die Sterne ansehen oder die Sonne, ohne überwältigt zu sein? Wie könnt ihr nicht vor Ehrfurcht verstummen, euch zu ihnen hingezogen fühlen, ja versucht sein, in ihrem Gesang, ihre Musik einzustimmen? Genügen sie euch nicht? Das frage ich euch. Wie könnt ihr mich fragen, was ist denn so toll am Mond und an den Sternen, dass du nicht einmal merkst, wie die ganze Nacht vergeht? Gesegnet diejenigen, die im Mond und in den Sternen, den Bäumen, Meeren und Bergen oder in den Augen eines anderen suchen und dort auch etwas finden. Vielleicht können nur ihre Augen sehen, und der Rest ist einfach blind."

Sokrates

Obstgärten um mich voller glücklicher Bäume. Muss ich noch etwas dazu schreiben? Das Auge des Kindes in mir ist am Staunen, voller Ehrfurcht sieht es die Schöpfung. Kinderaugen, die Medizin. Kinderaugen bedeuten Gott zu sehen. Vögel zwitschern vor meiner Gefängniszelle. Sie singen von schönen Liedern der Freiheit. „Oh Liebster, sei nicht traurig." sagen sie. „Wir verstehen dich, wir teilen dein Leid. Du bist ein Gebender um dem Geben willen. Genauso wie es unser Gezwitscher auch ist." Es ist Nacht bei ihnen da draußen, bei den Menschen ist's Nacht. Alpträume plagen ihre Welt, doch sie schminken ihre Trauer durch Drogen weg. Licht wollte ich sein in ihren Welten, Licht. Doch nun ist das Licht in einer dunklen Gefängniszelle eingesperrt. Ob ich hier nochmal eines Tages heraus komme? Ich weiß es nicht. Doch ich vertraue den Kinderaugen, welche in meinem Inneren sind. Ich sprach im Namen von diesen wunderschönen Augen. Nichts anderes tat ich. Wenn dies meine Schuld sei, von Kinderaugen und von der Weiblichen Schönheit zu sprechen. So gehe ich freudig zum Galgen.

„Wie können wir Gott erkennen, wenn wir nicht einmal eine Blume sehen? Wie können wir die Stimme Gottes vernehmen, wenn wir nicht einmal das Rauschen des Meeres hören? Wie können wir uns dem Licht öffnen, welches das ganze Leben beseelt, wenn wir nicht einmal den Mond und die Sterne sehen können? Wir sind stockblind."

Osho

Die Romane sind von den Menschen gegangen. Sie waren traurig. Die Romane brachten die wunderschönsten Geschichten, geschrieben von Menschen. Doch als die Menschen die Romane vergaßen und nicht mehr auslebten, so gingen sie von uns. Sie wollen mich kreuzigen, weil sie die zärtlichen Romane in ihrer Welt nicht dulden können. Ihre Welt ist hart, düster und grausam. Das Morden von wunderschönen Tieren und Pflanzen ist ihre Bestimmung. Es ist kein Wunder, dass sie meinen Hals möchten. In ihrer Welt werden alle Handlungen ohne den Gebrauch von Feinfühligkeit getätigt. Dies ist ein Desaster. Alles redet in Feinfühligkeit auf der Welt. Doch die Menschen auf ihren Marktplätzen reden ohne Sensibilität. Sie hören nicht zu den Schönheiten des Lebens. Man kann nur das Leben hören, wenn man still ist. Sie hören künstliche Musik, und reden den ganzen Tag. Da ist kein Platz für die Mysterien des Lebens. Sie rennen am Leben vorbei und prallen gegen die Wand. So ist es mit ihren Gesellschaften. Nein, sie hören nicht zu. Sie hören nicht das Wort der Liebenden Seelen. Es ist einfacher sie zu beseitigen, damit sie sich wieder dem Oberflächlichen in ihrem Leben widmen können. Deswegen möchten sie mich bestrafen mit ihren Gesetzen. Sie sind so blind.

„Heute bewohne ich einen Planeten der Schmerzen, durchsichtig, wie aus Eis, in dem nichts verborgen bleibt."

Frida Kahlo

Auf meiner Wanderung über ihre Marktplätze und Straßen sehe ich die Menschen gehen. Ihr Gang ist voller Überheblichkeit. Sie laufen ohne Bewusstsein, voller Ignoranz und Arroganz. Die Menschheit war noch nie so Egoistisch gewesen wie heute. Die Menschen wissen nicht, welche Folgen ihr unbekümmerter Gang gegen das Leben bedeuten wird. Menschen, die Arrogant und Ignorant sich bewegen sind die wahren Terroristen des Lebens. Sie laufen nicht im Einklang mit dem Leben, nur mit den harten Steinen ihres Egos. Die Menschheit wird einen teuren Preist dafür bezahlen, für diese Art und Weise wie die Menschen laufen. Jeder gegen Jeden. Nur der Stärkere überlebt. Dies wird nicht zu den Romanen des Lebens führen. Wir sind nur ein winziger Staubkorn in diesem riesigen Universum. Wahre Kriminalität bedeutet Unbekümmert zu sein. Ihr Karma wird diese Menschen hart treffen. Wahre Liebende laufen mit Ehrfurcht und mit Sorge um alle Geschöpfe.

„Die Erde. Unsere Mutter. Ich liebe ihre Haut aus Lehm und die Tränen ihres Lebens."

Frida Kahlo

In deinem Geruch atmete ich ein die schönsten Blumen, der Mond sprach. Ich kam von warmen Welten in deine Stadt. So lass uns von hier fliehen, Oh du Schöne. Die Tore hier sind aus Stein. Die Menschen sehr kalt. Düster bestellt ist es um ihre Herzen. Lass uns fliehen von hier, weit weg. Auf die Berge lass uns ziehen. Dort, wo das Wasser noch frei fließt und nicht in Gefangenschaft genommen wurde. Dort wo die Vögel nicht in Käfigen leben. Dort wo wie Winde nicht verflucht werden. Ich schäme mich für die Städte. Die Menschen haben dort Gesichter voller Härte. Ihr Lachen ist gefälscht und die Menschen verneigen sich vor dem Stärkeren. Ich schäme mich für ihre Städte. Ihre Straßen sind dunkel.

„Ich schöpfe die Kraft, die Augen zu öffnen. Meine Seele ist nackt."

Frida Kahlo

Sieh in meine Augen Schöne. Muss ich mehr dazu schreiben? Die Augen sind das Fenster der Seele. Alles andere ist eine Lüge. Klamotten bedecken nur unseren Schmutz. Augen müssen nackt sein. In meinen Augen wirst du all die Antworten finden, die du hören möchtest. Es gibt Dinge im Leben, die kann man nicht aussprechen. Ein tiefes Geheimnis. Doch man kann es sehen, wenn man genau hin sieht. Es gibt Dinge, wenn man versucht sie zu erklären, kommt man nur von den Wegen der Wahrheit ab. Fühlen bedeutet Verstehen, so innig und tief. Die Essenz davon bleibt stets für ewige Zeiten. So schaue in meine Augen Geliebte. Dort sind die traurigsten Antworten Zuhause. Die Menschen haben Angst in meine Augen zu sehen, da sie Furcht vor der Gerechtigkeit haben. Ja gewiss, meine Schöne. Ich kann sehen, dass du eine Seherin bist. Sonst hätte ich dir nicht auf diese Weise geantwortet. Du sollst wissen, dass ich zur Masse niemals so Weich reden würde. Sie verdienen meinen Kot. Ich erfühle dein reines Herz, Oh Liebling dieser Welten. Dein liebendes Wesen ist bezaubernd. Ich kann deine tiefe Suche nach der Schönheit sehen. Dein Weg ist voller Tränen, manchmal voller Trauer und manche Zeiten voller Freude. Nur der Sucher findet zu seiner Geliebten in dieser Welt.

„Der Atem ihrer feuchten Schnauze trocknet meine Tränen. Wenn ihre Zunge an mir leckt, lassen sie das Blut meiner Wunden verschwinden und lindern meine Schmerzen."

Frida Kahlo

Der Tod des weißen Columbus Denken wird ein neues Leben schenken. Nur so kommt man mit dem wahren Leben in Berührung. Je mehr man nach Besitz und Profit strebt, umso mehr wird man das Leben in all seiner Hülle verfehlen. Das weiße Columbus Denken welches in der Gesellschaft von heute vermittelt und gelehrt wird, mit all seinen Strukturen ist habgierig. Es ist Ungeduldig und immer in Hast und Eile. Er mag ausbeuten und denkt nur an den Umsatz. Die Liebe der Feinfühligkeit ist ihm ein Fremdwort. Er tötet alles auf diesem Weg, deswegen mein Todesurteil heute hier, da ich ihre Religion der Gegenwart angriff. Menschen hören nicht zu. Sie möchten nicht eine schönere Welt erschaffen. Zuhören ist nur möglich wenn keine weißen Gedanken im Kopf sind. In der Stille des indianischen Herzens sind nur die wahren Künste des Zuhörens möglich. Sie hören nur zu ihren künstlichen Gesetzen und deswegen werde ich Missverstanden. Die Liebenden reden aus der Quelle des Lebens und nicht von verfälschten Gedankensystemen. So höret zu. Die Quelle des Lebens redet die schönste Poesie, was kann ich denn dafür, dass ihr eine Welt errichtet habt, die wahre Schönheit weder sehen, noch hören kann? War mein Vergehen zu schöneren Welten zu finden?

„Ihre kräftigen Körper erwärmen dieses Haus, das so kühl ist, auch wenn draußen die Sonne brennt."

Frida Kahlo

Das wirkliche Zuhören, so findet statt nur im Herzen. Das Hören kommt nur vom Verstand. Es erreicht aber nicht das innere Wesen des Menschen. Das Wort des Herzens wohnt in tiefen Brunnen. Der Verstand versucht alles um das Wort daran zu hindern, damit es das Herz erreiche. Die Alchemie der Liebe ist nicht im Intellekt versteckt. Die kindliche Unschuld weiß, wovon ich rede. Pures Bewusstsein, so dreht die Welt sich im Ursprung. Sie haben mich in eine dunkle Zelle gesperrt. Hier versuchen sie meine Verbindung und Kommunion mit der Natur zu stören. Ihre Gesetzeswärter, die Polizisten und Anwälte brüllen mich an. Sie möchten mit mir reden. Die Stille ist meine Antwort. Genau wie es Jesus von Nazareth und seine liebe Mutter Maria taten. Sie wissen nicht, dass meine Geliebten mit mir nicht sprachen. In der Stille redeten wir die Wahrheit. Es bedarf keiner Worte. Sie können dies nicht verstehen. Ihre Welt ist mit Sprache und leerem Gerede zugrunde gegangen. In ihrer Welt wird argumentiert und diskutiert. Sie verfehlen das Leben mit all seinen wahren Schönheiten. Für sie bin ich ein Fremder, da sie die Sprache der Stille nicht verstehen können. Die Natur feiert überall prächtige Feste in jedem Moment des Lebens, doch die Menschen veranstalten künstliche Veranstaltungen um damit ihre innerliche Leere zu füllen. Das Leben wird ihnen auf diese Weise keine Liebesgeschichten bescheren. Gedichte können in ihrer Welt nicht geschrieben werden und auch Musik ist nicht möglich, da der Mensch gestorben ist, und ihr Leben künstlich ist wie eine Plastikblume.

Sie denken sie könnten mit ihren Gesetzeswärtern uns Liebenden erklären wie wahre Schönheit aussehen möge. Dafür müssen sie noch zehnmal auf die Erde kommen, aber da wir am Ende des Zeitalters der Menschheit wohnen, wird auch dies nicht möglich sein.

„Liebe kleine Krummelus, niemals will ich werden groß."

Pippi Langstrumpf

Die Erziehungssysteme des weißen Menschen sind zum Scheitern verurteilt. All die Strukturen ihrer Gesellschaften sind gegen die Seele, gegen die universelle Liebe. So läuft die Masse weiter hinterher dem weißen Menschen und finden somit nicht zur Insel der Romane, wo das Herz seine Liebesgeschichten ausleben darf. Die Menge versteht nichts von Liebe, so sollte man die Peitsche auspacken? Die westliche Welt ist weit entfernt von den Spielfilmen der Liebenden, von den poetischen Romanen. Liebe Mutter Erde, ich lasse mich von dir einbetten, bei dir möchte ich nur sein. Deine Nacht ist schön, voller Glanz und Anmut, doch deine Menschen sind in einem tiefen Schlaf. Sie laufen, doch wissen nicht wohin es gehen soll. Deine Naturgesetze voller Liebe und Güte, doch deine Menschen im Netz der Habgier verfangen. Ihre Welt ist schnell und ohne Feinfühligkeit. Dort fühlt sich kein Herz voller Kummer zuhause. Oh, tiefes Schluchzen, wohin nur mit deinen künstlichen Menschen? Es bringt Tränen des Aufschreies in meine ozeanischen Augen wenn ich ihre Welt sehe, liebe Mutter Natur.

„Stört keinen großen Geist."

Karlsson aus Karlsson vom Dach

Wird er dich auf Händen tragen, wie ich es tat? Nein, den Menschen gefällt es schlecht behandelt zu werden. Sie möchten nicht annehmen die mystische Rose. Sie bevorzugen lieber Kot. Zeugen werden gesucht, sie haben die Weibliche Schöpferkraft vergewaltigt und umgebracht. Niemand mag etwas gesehen haben. Habe Angst die Gesundheit meiner Seele zu verlieren. Die Menschheit schaut weg und sieht nicht, oder besser formuliert, mag nicht sehen. Deswegen lieber Gott, sage ich Vergib ihnen nicht, denn sie wissen ganz genau was sie tun! Sie haben das Feinfühlige umgebracht, sie sind die wahren Täter weil sie bei allem nur Zuschauer waren. In Liebe zu verfallen mit der Existenz und seinen Engeln, sollte das Ziel des Lebens sein. Doch der Mond möchte nicht mehr lachen, dies ist ein schlechtes Zeichen für uns Menschen. Meine Bücher verfasse ich im Laufen durch die Straßen, es ist die Art wie es Friedrich Nietzsche tat. Das Auge tränt, die Seele schwächelt beim Anblick ihrer niederen Welt und ihrer Großstädte. In der Traurigkeit werden die Lieder der schöpferischen Seelen geboren, voller zärtlicher Töne und Noten. Doch ihre Welt sieht dies als Schwäche an. Wie sie doch Irren. Die Tiefen der Traurigkeit schwimmen synchron mit dem Wunder des Lebens. Ihre Welt ist zu steinähnlich um dies zu empfangen und in selige Tiefe zu verfallen.

„Meine Freunde in ihrem seidigen Kleid, meine Kinder, die nie meine Worte verraten."

Frida Kahlo

Mit müdem Stifte sitze ich hier, Tränen benetzen das Papier. Leid übernimmt das Seelenleben. Millionen von Leben reise ich nun in verschiedenen Welten umher und die bestialischste Art von Geschöpf war und ist der weiße Mensch. Er hat die Indianer umgebracht, hat Atombomben geworfen, Weltkriege angezettelt und Menschen in Gaskammern verbrannt. Und heute tut er so als wäre er ein Engel. Dieser weiße Mensch ist so listig, deswegen ist seine Bösartigkeit so schwer greifbar mit bloßen Augen. Er sieht sich selbst über allen Bedürfnissen der Menschheit. Seine Art zu leben ist geprägt von Wettbewerb und Konkurrenz. Dies sind alles Todesdisziplinen und widmen sich den bösen Energien. Herzlos ist die Welt heute, dem weißen Mann's Werk.

„Die Luft, die in meinen Adern pulsiert, duftet nach deiner Haut."

Frida Kahlo

Das neue Lied in den Ohren der Schönheit. Der stille Teich wohnt im Lande des Friedens. Voller Anmut, Andacht und Mitgefühl fließt sein Wasser. Wer immer dort in seine Wässer eintauchet, so kostet von ewiger Lieb. Schöpferisch in seinen Tiefen, gegen den Kriege so sein, so ist seine Erkenntnis. Der stille Teich steht im Dienste des Lebendigen, er negiert die Dienste am Tod. So sollte es sein mit dem Menschen. Eine Sehnsucht nach Erfüllung seiner eigenen Schönheit. Das Leben ist eine Sehnsucht, ein Erstreben, ein Werden. Doch die Masse, welches die Strukturen einer Gesellschaft bestimmt, hat sich dem Toten gewidmet. Heute nun bewohnen wir hier die Hölle. Der Fluss wünscht sich zum Meer zu werden. Doch die meisten Menschen wollen nur gehen zu ihrer Bank um ihr Konto zu prüfen, ob es dicker geworden ist. Die Welt findet deswegen keine selige Ruh. Die Menschen haben sich in der Wüste verirrt. Die verkehrt Richtung wird uns gelehrt. Dort herrscht nur Verzweiflung und Unruhe. Nur ein stiller Geist kann zur Feinfühligkeit finden. Wenn man sich der höchsten Wirklichkeit nähert, wird man gewiss die Blumen singen hören, die in Uns wohnen. Doch eure Welt kann diese Symphonien der Blumen noch nicht erhören. Die Armen leiden, die Reichen sind in ihrem Elend gefangen.

„Großer König, das Leben im Palast ist nicht geeignet für mich. Ich strebe danach, einen Weg der Befreiung zu finden, um mich und alle Wesen vom Leiden zu befreien. Nur wenn der große Weg entdeckt ist, wird Befreiung für alle Wesen möglich sein. Empfindest du echte Zuneigung zu mir, so wirst du mir erlauben, dem Weg weiter zu folgen, den ich schon lange gehe.“

Gautama Siddharta

Jesus zu lieben, doch das Christentum zu verleugnen, Mohammed zu lieben doch die Mohammedaner zu verleugnen. Dies ist wahre Schönheit. Alle organisierten Religionen sind gegen ihre Gründer, also gegen die Propheten. Alle Kreativität geschieht durch den Schöpfer. Das der Mensch selbst etwas herstellt, ist eine Illusion. Mit dem Ego kann man nicht kreativ sein. Die Liebenden, die das Leben voran bringen sind mit dem Herzen des Lebens verbunden. Das Licht scheint überall, was es braucht sind sehende Augen. Wir schwimmen in der Strömung des Lebens wie ein Fisch. Das Leben ist ein tiefer Zusammenhang, alles hängt zusammen, ist ein Ganzes. Ja, die Gesetze des weißen Menschen haben Erfolg in der Welt. Die Liebe versagt in dieser abscheulichen Welt. Doch in den Mysterien der Liebe siegt die Liebe und der Erfolg versagt. Aber wer schert sich in dieser Welt schon um die Einheit der Liebe? Die Gesetzeshüter ihrer brutalen Welt von den Göttern des Wettbewerbes regiert, sind gerissene Leute, sehr berechnend. Liebe ist ein inneres Aufblühen wie die schönsten Blumen. Eure Gesetze sind nur ein äußerliches Theaterspiel.

„Es gibt mehr Ding im Himmel und auf Erden, als Eure Schulweisheit sich träumt."

William Shakespeare, Horatio

Wer zur Liebe aufsteigt wird zu etwas Wundervollem. Schaut ihn euch an. Er wird wie ein schönes Gemälde oder ein bezauberndes Gedicht. Ja, sie können die Liebenden kreuzigen, doch sie kreuzigen die Liebe, nicht unsere Körper. Eure Gesetze töten die Liebe bei allem. Alle wissenschaftlichen Argumentationen sind Fruchtlos. Sie können uns nicht verstehen. Wir sind die Brise aus dem Unbekannten. Ihr werdet meinen Körper bald töten, doch sterben die Liebenden nicht. Der gewöhnliche Geist zieht es vor ohne Liebe in ihren Welten zu leben, deswegen nun das Urteil über mich. Diese Welt ist nicht unsere Heimat. Sie kann nicht unsere Heimat sein. So sind leer unsere Hände. Wir sind nackt und bescheiden. So kehrt ab von der Art und Weise wie ihr gelebt habt. Seht ihr denn immer noch nicht, dass es überall auf der Welt nur Elend und Krieg bringt? Wollt ihr weiter euch dem blinden Vergnügen widmen? Der Geist eurer Welt ist schwach. Es kann keine Rebellion geben wenn man sich der herrschenden Tradition widmet. Der Geist der Masse ist sehr verstockt.

„Geht und seht euch die Priester an, in Kirchen und Tempeln und Moscheen, sie lehren und predigen, ohne die geringste Ahnung zu haben, wovon sie reden. Sie haben etwas auswendig gelernt, ohne es selbst erfahren zu haben. Sie haben studiert, haben aber keine eigenen Augen, ihre eigenen Herzen sind tot wie die der Menschen, denen sie predigen. Ihr Köpfe mögen etwas gebildeter sein, aber ihre Herzen sind so krank wie alle anderen Herzen auch."

Osho

Alles in der Schöpfung lebt seine eigene Liebesgeschichte. Sie ist ein Versteckspiel, sie ist etwas Spielerisches. Das unmittelbare Sehen ist verloren gegangen. Die Menschen blicken, doch Sehen ist etwas anderes. Weil in der modernen Welt das Vertrauen in das Leben fehlt, haben Drogen einen solch großen Reiz gewonnen. Ohne Sie würde das Gefüge der Gesellschaft zusammenbrechen. Wie ich so reden kann? Augen voller Vertrauen können dies sehen und niemand kann mich täuschen. Ein Mensch der Vertraut, dem kann nichts Schlechtes angetan werden. Sich zu Verlieben in die Wunder der Existenz ist unser einziger Gott. Rebellion gegen die organisierten Religionen bedeutet wahrer Glaube an Gott. Keiner Nation anzugehören bedeutet sich auf den Weg zur Einheit zu machen. Die organisierten Religionen sind Tröstungen für Menschen die innerlich arm sind. Die prophetische Botschaft zu erkennen bedarf großem Bewusstsein. Sie ist nur für ganz wenig Menschen auf der Welt erkennbar. Die Masse lässt sich täuschen von falschen Führern. Alle Propheten wurden von den pseudo-religiösen Mächten getötet, von den Priestern.

„Wer wahrhaft religiös ist, schert sich nicht um Himmel und Hölle, schert sich um gar nichts. Du bist in diesem jetzigen Moment so tief im Himmel, was kümmert dich ein Himmel, der erst nach dem Tode kommt? Sünder sind mutiger, sie riskieren alles."

Osho

Stets in Bewegung mit dem Fluss zu sein, war das Vergehen. Doch meine Werke widmeten sich der ewigen Wanderschaft. Der Menschensohn hat keinen Ort wo er sein Haupt niederlegen kann. Das Ganze ist der ewige Geliebte. Ununterbrochen zu fließen ist unser Schicksal. Die Gegenwart der Liebe redet in Sprache der Poesie. Aus den Augen eines Kindes. Jeden Morgen brechen auf die Liebenden zu neuen Wegen. Der Menschensohn ist heimatlos. Wenn wir uns bewegen, dann ist es die Reise stets nach innen. So lasset die Toten ihre Toten begraben in ihren künstlichen Welten. Die Mutter Natur würde danken dafür, dass es weniger Last gibt auf ihrer Erde. Die Götzendiener, die Machthungrigen, die Intellektuellen. Sie bilden alle eine Familie. Sie werden mich draußen vor der Stadt kreuzigen, als Zeichen, dass ich nicht in ihre Welt passe. Damit wollen sie mir zeigen, dass ich Fremd bin in ihren Welten. Was hatte ich getan? Weshalb dieser Zorn gegen mich? Es war das poetische Lächeln in den Augen. Das Verbrechen glücklich mit Mutter Natur zu sein gefiel ihnen nicht. Ihre Gesellschaften sind gegen das Leben gerichtet. Ich lebte für das Leben im Leben, für die Blumen. Die Masse macht stetig das gleiche Spiel. Wenn die Blumen der Menschheit leben, dann töten sie diejenigen. Und wenn sie dann fort sind, dann werden sie angebetet. Die menschliche Verlogenheit kennt keine Grenzen. Als ich lebte machten diese Menschen einen großen Bogen um mich.

Ein Mann von Wissen kann uns nicht verstehen. Alle organisierten Religionen wurden von Menschen geschaffen, die zu Lebzeiten die Propheten töteten. Es sind vielleicht dieselben Menschen doch sie sind vom gleichen Schlag. Diejenigen die Jesus kreuzigten waren Priester, und die das Christentum schufen, waren ebenfalls Priester.

„Wilhelm Reich wird eine Renaissance haben, denn was er getan hat, war absolut wissenschaftlich. Kein Christentum kann es aufhalten, keine Regierung kann es aufhalten. Er gehört zu uns."

Osho

Welch eine Dummheit hat sich die Menschheit nur ausgedacht? Ist die Blume da, meidet man sie, und die Leere die bleibt, betet ihr an. Dies muss ein trauriges Schicksal sein. Sie spucken in den Himmel und der Speichel fällt danach der Masse wieder auf den Kopf. Die Schönheit ernährt sich von Liebe. Der Eindruck der Fälschungen in ihrer Welt ist zu groß. Sie können das Wirkliche nicht erkennen. Das ganze Leben ist uns ein Gebet. Die Religion der heutigen Zeit, die Mechanisierung des Menschen unser Feind. Die Tür des Schönen wird geöffnet, doch Menschen wollen in ihrem Unglück bleiben. Sie haben sich in ihrem Unglück gemütlich eingerichtet. Jeder einzelne wird groß geboren, doch die Masse stirbt sehr klein. Die Gesetze eurer Welt verkrüppeln das Große im Menschen. Eure geltenden, herrschenden Regeln sind gegen die Liebe. Lasset euch nicht täuschen von der Manipulation der Technik. Das Offensichtliche ist nicht das Wirkliche! Selbst die Wissenschaftler dienen den Politikern und Priestern ohne davon zu wissen.

„Schwarz. Das Licht ist aus meinem Zimmer gewichen. Die dunklen Farben verdunkeln sich immer mehr und bekommen einen tiefen Sinn."

Frida Kahlo

Die Art, wie wir hier erzogen werden, tötet die kindliche Unschuld in uns. Es trichtert uns ein künstliches Wissen, doch das Feinfühlige stirbt. Das Herz klopft nicht mehr, Liebesromane bleiben aus, Augen verlieren ihr Funkeln und Staunen. Die Tänze mit den Wolken und dem Regen findet nicht mehr statt. Der westliche Verstand nach Christoph Columbus ist wahnsinnig. Er produziert Nationen und Staaten, Reiche und Arme, und deswegen ist er der größte Teufel. Der Verstand nach Christoph Columbus regiert hier in dieser Gesellschaft und er denkt nur an das Konsumieren und Ausbeuten. Die Blumen können unter diesen Voraussetzungen ihren Duft nicht verbreiten. Doch die Schönheit der Indianer wird eines Tages siegen. Womöglich scheint die Lüge im Augenblick hier zu siegen, auch wenn sie mich umbringen, aber am Ende kann es nicht so sein. Sie möchten meine Werke nicht hören oder interpretieren sie nach ihrem elenden Geist. Doch eines Tages wird sie ganz gewiss ein Menschensohn entdecken, den Duft der Schönheit. Das Gute überlebt am Ende. Laut ihnen war unsere Schuld mit dem Tanz des Lebens sich zu bewegen. Sie und ihre Zivilisationen liefen rückwärts. Deswegen ihr Hass auf mich. Die Liebenden finden zum Reich der schönsten Götter und spiegeln dies dar in ihren Werken. Dies kann die Masse nicht verzeihen.

„So wird die Welt enden, nicht mit einem Knall, sondern mit einem Wimmern."

T.S. Eliot

Nein, der Tempel der Liebe ist nicht im Außen zu finden. Freund und Feind ist in einem selbst. Eure Welten widmen sich der äußeren Hülle, deswegen Dramen überall. Die erwachten Seelen befassen sich mit dem Inneren Tempel und machen sich auf den Weg zur Geliebten. Eure Welten beschäftigen sich mit dem Tier der in ihnen Inne wohnt. Solange man nicht zum Tempel der Liebe findet, ist aller Besitz der Welten nutzlos. Euren Gesetzen folgen die Moralisten, der Liebe folgen die Menschen die zur Wahrheit gefunden haben. Sie kennen nicht an eure Gesetze. Nur die Liebe kann über sie urteilen. Der mechanische Verstand lebt bei den Häusern eurer Gesetze. Nieder dort die Gebote.

„Es fehlt dir noch eins. Verkaufe alles, was du hast, und gib es den Armen. So wirst du einen Schatz im Himmel haben, und komm folge mir nach."

Jesus von Nazareth

Lieben heißt Teilen. Lieben heißt Geben, ohne jeden Gedanken an Gewinn oder Belohnung. Dies ist der Pfad des höheren Gesetzes. Je mehr man besitzt, umso geiziger wird der Mensch. In den Dörfern wohnen manchmal noch Leute die sehr arm sind und alles geben was sie besitzen. Sie sind immer bereit zu teilen. Doch in den Großstädten sind die Menschen wie Bestien. Sie blicken einem nicht in die Augen um dort eine Tiefe zu sehen, sondern schauen nur auf den Geldbeutel. Menschen, die Verliebt sind in die Wunder des Lebens, ja sie sind bescheiden und essen wenig. Die Reichen Zivilisationen fressen sich zu Tode, da es dort keine Liebe gibt. Das Fressen ist ein Anzeichen für Mangel an Liebe. Die Geizigen, die Habgierigen werden niemals das Himmelreich erreichen. Dies ist ein Naturgesetz.

„Wenn er mich am Kreuz sterben lassen will, so ist es gut. Dann muss es so sein."

Jesus von Nazareth

Nichts neues immer noch im Westen. Morde und Verbrechen gehen weiter. Die Ursache dafür ist, dass eine ungeheure Gleichgültigkeit dem Leben gegenüber besteht. Die Langeweile ist nicht länger auszuhalten. So wird man kriminell und tötet die Blumen des Lebens. Man kreuzigt den Regenbogen. Deswegen verfällt diese Gesellschaft dem Glücksspiel oder dem Alkohol. Keine Liebe weiter in Sicht im Westen. Der Frieden der Liebenden ist dem Westen immer noch leider fern. Offenbar kennen sie nur den Frieden der Toten in ihren Gräbern. Wandelnde Tote reisen umher in den Straßen ihrer Städte. Die Nacht dunkel und das andere Ufer immer noch nicht zu sehen im Westen. Denn die geistige Ebene ist in einem enormen Durcheinander. Auf der Ebene des Verstandes kann es keinen Frieden geben. Es wird nur dazu führen, dass man Unzufriedenheit besser aushält und man zu Maschinen wird ohne jegliche Poesie im Inneren. Solange die vollständige Verwandlung nicht passiert, werden wir uns im Elend hier weiterhin wälzen und die Religion der Mechanik hat uns fest im Griff. Sich vor der Existenz zu verbeugen und Ehrfurcht vor allem Leben zu zeigen, ist die einzige Rettung.

„Oh göttliche Macht, ich habe nichts für meinen Guru. Lass mein Leben mein Geschenk sein."

Ein Bettler

Nein, es gibt keine Garantie, dass der nächste Moment kommen wird. Ein leichter Windstoß und verschwunden ist alles was man Leben nennt. Wieso möchten dann die Menschen eine Gesellschaft aufbauen wo man sich der Sicherheit widmet? Es ist gegen das Leben. Warum wollen sie nicht geschehen lassen? Das Bewusstsein der Menschen ist von Lüsternheit gefärbt, doch geredet wird überall von Sittlichkeit. Wie soll ich diesen Mensch nur respektieren? Die gesamte Zivilisation ist das Werk der Frau, der femininen, zarten Kräfte. Genau wie das Wasser. Der Mann ist von Anfang an nur ein Zigeuner gewesen. Ein Streuner, verloren in seinen Welten. Vergesst niemals, dass man auf dem Weg zum Tempel der Liebe entschlossen sein muss. Dieser Weg ist nichts für Schwächlinge. Dieser Weg ist nichts für Händler, sondern für die Samurai des feinfühligen Wassers.

„Die heutige Welt wird von Mönchen und Geschäftsleuten beherrscht. Wir können ohne weiteres sagen, dass dieses Jahrhundert das Jahrhundert der Geschäftsleute ist. Wenn heute irgendwer Macht hat, dann der gerissene Kaufmann."

Osho Shree Rajneesh

Nur der Sucher, Forschende über sich selbst kann die Heilung für diese Welt bringen. Dafür muss man sich von Allem lösen. Man darf nichts mehr angehören. Alles zu riskieren auf diesem Weg und die Konsequenzen auf sich zu nehmen. Selbst gekreuzigt zu werden von der Masse darf einem nichts antun. Denn bevor man nicht alles riskiert auf diesem Weg, kann man die Wahrheit nicht finden. Doch die Menschen verhalten sich feige. Sie halten sich zurück bei allem was sie tun. Dies deutet auf ihre Angst. Alle Ketten um uns fesseln unser Sein. Wer zur Liebe finden möge, dem können Ketten nichts mehr ausmachen. Er passiert die Wände der Masse mit Leichtigkeit. Wir haben das Leben geschenkt bekommen von der Existenz, der größte Schatz aller Zeiten. Doch die Menschen vergeuden ihr Leben mit Vergänglichem. Die meisten hören mit fünfundzwanzig Jahren auf zu leben, um mit siebzig Jahren dann begraben zu werden. Sie schieben das Leben auf, bis der Tod kommt um sein sinnloses Dasein zu holen und alles zerstört. Ein Aussteiger ist ein Revolutionär. Doch wer vor der Wahrheit flüchtet, kann kein Revolutionär werden.

„Bruder, wir beten den Großen Geist nicht so an, wie es die Weißen tun, aber wir glauben, dass dem Großen Geist die Art und Weise der Verehrung gleichgültig ist. Er hat Gefallen an denen, die ihn aufrichtigen Herzens anbeten, und das tun wir."

Häuptling Red Jacket

Die Menschen haben ganze Bibliotheken in ihrem Verstand, von Vorurteilen, von Philosophien und Ideologien. Ihre vorgefassten Muster sind nicht zu verändern. So können sie meine Werke nicht richtig verstehen. Da das gesprochene Wort durch ihre Filter des Verstandes nur verfälscht wird in ihren Köpfen. Die Botschaft ist am Ziel ihres Verstandes nicht mehr dasselbe. Der ganze Prozess ihres intellektuellen Zuhörens ist vergiftet worden von Kind auf, von dieser Gesellschaft. Deswegen werden Genies verstümmelt nach ihrem Tode, Propheten und Philosophen werden nicht mehr erkannt. Da die Masse sie nicht verstehen kann und ihre Werke falsch interpretieren. Sie wohnen unten im Tal und die hohen Seelen wohnen auf den Bergen. Die prophetische Botschaft ist jeden Moment neu. Der Verstand und die herrschende Norm folgen dem Vergangenen. Sie ist konservativ und folgt dem Weg der Bibliothek ihrer Ahnen. Das Alte und die Wahrheit treffen sich niemals hier auf Erden. Noch nicht einmal zu einer Tasse Tee.

„Ich möchte verschenken und austheilen, bis die Weisen unter den Menschen wieder einmal ihrer Torheit und die Armen wieder einmal ihres Reichtums froh geworden sind. Dazu muss ich in die Tiefe steigen, wie du des Adends tust, wenn du hinter das Meer gehst und noch der Unterwelt Licht bringst, du überreiches Gestirn."

Also sprach Zarathustra

Reicht Liebe denn nicht? Ist es nicht Genüge? Musst du denn noch Fragen was der Sinn des Lebens ist? Ihr stellt nur falsche Fragen in euren Lehranstalten. Das Leben vergibt nicht diesem Schwachsinn, deswegen kann es euch nicht Liebend umarmen. Liebe an sich ist genug. Sie ist schön genug. So sehet doch, die Vögel singen am Morgen ihre Liebeslieder, bedarf es einen Sinn? Umso stiller ein Geist wird und im Einklang mit der Existenz lebt, desto klarer wird er die Liebeslieder der Vögel hören. Doch ihr mögt es eure eigenen Fiktionen zu errichten. Eure Fiktionen sind unecht, denn sie werden vom Leben selbst nicht unterstützt. Es gibt Religionen die an Gott glauben, und es gibt Religionen die nicht an Gott glauben. Was ist nun wahr? Ich weiß, eure eigenen Fiktionen in euch haben jetzt sofort eine Antwort parat. Doch ihr betrügt euch nur selbst. Ja, ich bin eine gottlose Person, und doch voller Göttlichkeit. Im Widerspruch und Chaos zuhause. Doch ihr glaubt es sei ein Widerspruch. Doch da ist kein Widerspruch. Ja, ich bezeuge es vor der Dialektik der Geschichte. Gott ist eine Fiktion, aber Göttlichkeit ist keine Fiktion. Meint ihr ein Gott als Person würde so eine bestialische Welt errichten? Was würde dann denn übrig bleiben für den Teufel? Nein, Gott ist eine Fiktion. Wenn jemand diese Welt erschaffen hat, wie sie heute ist, dann muss es der Teufel gewesen sein. Und die Menschen des Teufels Abbild auf Erden. Doch Fiktionen über Tausende von Jahren wiederholt, werden irgendwann zu einer eigene Realität. Es wurde so oft wiederholt, dass die Menschen dies nicht mehr anzweifeln. Doch nur die erwachten Seelen können dieses Spiel durchschauen. Diese verrückte Menschheit. Nur Kriege, Wettbewerb und Wettstreit. Dieses Leben ist so ein kurzes Leben. Anstatt die schönsten Blumen zu pflanzen, bekriegen sich die Menschen.

„Die weißen sind schlechte Lehrmeister, sie verstellen sich und handeln scheinheilig, sie lachen dem armen Indianer ins Gesicht, um ihn dann übers Ohr zu hauen."

Black Hawk

Die Liebenden sind kreativ. Sie erschaffen Poesie, wunderschöne Lieder welche Balsam für die Seele ist. Man spürt sofort, dass diese Werke jenseits von Zeit und Raum hergestellt wurden. Ihr Duft ist ein Mysterium, welches man nicht erklären kann. Der Maler, der Poet, der Dichter, der Gärtner. Sie führen ein Religiöses Leben. Sie sind die wahren Religiösen Menschen. Denn sie erschaffen Werke, die sich der Ewigkeit widmen. In eine Kirche oder Moschee zu gehen ist außerordentlich Dämlich. Doch ein Blumengarten voller Rosen zu pflanzen ist eine Religiöse Haltung. Wunderschön. Die schöpferischen Liebenden sind jede Sekunde in Andacht. Sie fließen mit dem Leben. Die organisierten Religionen und der Kapitalismus mit all seinen Tempeln und Göttern, welches auch eine Religion ist. Sie sind Verflucht. Sie haben dem schönen Leben den Rücken gekehrt. Der schöpferische Geist betet nicht wie die Masse, weil er weiß, dass diese Gebete nicht erhört werden. Sie beten nur, indem sie etwas Erschaffen. Im Lande der Kreativität, dort wohnt Gott auf den schönsten Sternen.

„Black Hawk ist ein wahrer Indianer. Er hat Mitleid mit seiner Frau, seinen Kindern und Freunden. Aber er sorgt sich nicht um sich selbst. Er sorgt sich um seine Nation, die Indianer. Sie werden leiden. Ihr Schicksal ist, das er beklagt."

Black Hawk

Ich halte Inne und schaue aus dem Fenster den ganzen Tag. Den Stempel der Schizophrenie gaben sie mir bereits vor langer Zeit. So mag ich nicht oft unter Menschen sein. Es ist der Tyrann in ihnen, der Angst macht und mein gebrechliches Herz schwächeln lässt ,wenn ich unter ihnen bin und sehe wie Sinnlos sie dahin leben. Deswegen schaue ich lieber den ganzen Tag aus meinem Fenster und schaue über ihre Städte hinweg, in die Wildnis hinaus. Dort herrscht Harmonie. Fruchtbare Schönheit und schreiende Stille lässt das Herz erwärmen. Die duftenden Bäume und die flüsternden Bäche. Sie sind meine liebsten Weggefährten an diesen Tagen. Ich sehe die schaffenden, fleißigen Insekten und sehe wie sie für die Gemeinschaft und das Gemeinwohl arbeiten. Doch dann erblicke ich einige Menschen die mein Fenster passieren, und bekomme keine Luft und mir wird ganz Unwohl. Sie jedoch denken nur an ihr eigenes Ego und sehen das Leben nicht als eine Familie. Die glitzernden Sterne, die Sonne und die Monde, sie singen alle von der Einheit der Existenz. Sie verstehen meine Lieder der Einsamkeit. Alles im Universum hat keinen Anfang und kein Ende, doch die Menschen wollen alles Benennen und einen Anfang und ein Ende bei all ihrem Treiben haben. Dies alles betrachte ich durch mein Fenster. Und doch ist der Mensch mein Geliebter. Ich habe immer noch Hoffnung für ihn, auch wenn der Glaube nicht so groß ist. Doch, ich weiß welcher göttliche Same in ihm wohnt. Mein Gebet ist, dass der Mensch endlich zum Weg des Wassers findet. Formlos und voller Sanftmütigkeit.

„Der Himmel über uns hat das Leiden meines Volkes viele hundert Jahre lang beweint."

Häuptling Seattle

Ich suche die Geliebte wie ein Verrückter. Die Seele sehnt sich nach ihr voller Sehnsucht. Doch quält ihre Liebe mich. Vermute, die Geliebte hat sich in die Welt der Materie auf gemacht. In seligen Gebieten kann ich die Geliebte nicht finden. Nun ist es gewiss. Die Materie hat sie verführt und ist mit ihr in die Stadt gegangen, wo die Masse, die Bestechung und das Elend leben. Sie ist Schülerin ihrer Schulen geworden, dort wo nur Mathematik und Logik unterrichtet werden. Ich such sie im Tempel der Liebe, doch dort ist sie nicht aufzufinden. Ihr Geist war schwach. Die Materie, welches ein schönes irdisches Kleid trägt ist sehr trügerisch. Sie hat sie zu den Gefängnissen der Selbstsucht geführt, wo diejenigen Hausen die mit armseligen Dingen beschäftigt sind. Auf dem Feld der Schönheit kann ich sie nicht mehr finden. Die Männer der Götzenanbeter haben sie in das Land der Begehrlichkeit gelockt. Ich rufe sie bei Tag und bei Nacht. Ich singe für sie. Doch der Geliebten Augen sind getrübt von Gewinnsucht und Ansehen. Sie möchte nicht mehr mit den Blumen schlummern. Das Unechte ist geworden, nun ihre Welt. Die Liebe zu den Götzen von Morgen haben Besitz von ihr begriffen. Ich wohne im Palast der Schwachen. Sie widmet sich nun den Reichen und Mächtigen. Gehorsam zu sein den Herren dieser Welt fällt ihr leichter. So geht es den meisten Menschen, doch ich irrte. Ich dachte meine Geliebte wäre nicht so. Doch die Realität sieht meistens anders aus. Ich genüge ihr nicht mehr. Silber und Gold beherrscht nun ihre Welt. Unser Meer, der von den Göttern der Liebe errichtet wurde, genügt ihr nicht mehr. Meine Lippen werden nicht mehr der Geliebten gehören. Ich gehöre zu den Unterdrückten.

Den Linkshändern, den Kindern, den Tieren und den Armen. Sie jedoch mag zu den Reichen gehören. Sie mag keine Blumen der Unschuld geschenkt bekommen. Diamanten wären ihr lieber. Den Betrug huldigt nun die Geliebte. Lärm und Tumult sind ihre Wegweiser. Doch sie wird eines Tages Tränen des Flehens vergießen. Denn diese Art zu leben, findet nicht zu den Mysterien der Liebe. Das Drama ist vorprogrammiert auf diese Art und Weise.

„Es ist ein existenzielles Grundgesetz. Wenn ihr Zuviel zusammen seid und keinen Raum für Freiheit läßt, zerstört ihr die Blüte der Liebe. Ihr erdrückt sie und laßt keinen Raum zum Wachsen."

Osho

Augen ziehen Licht an. Doch die schönste Musik ist nicht sichtbar. Die Engel singen ihre schönsten Lieder, die Liebe ist für den intellektuellen Verstand nicht sichtbar. Deswegen verstehen die sogenannten modernen Zivilisationen nicht die Lieder der Engel. Sie sind zu Verkopft dafür. Menschen beten Materielles an, sie sind in einer Art falschen Liebe. Blind vor Emotionalität beten sie die materiellen Sachen an. Wann werden sie endlich aufblühen können wie die Blumen? Plastikblumen können nicht blühen und ihr Aroma verströmen. Ich weiß nicht, wie sie mich foltern werden, wenn sie mich in die Hände bald bekommen. Ich verstreute Samen der schönsten Blumen in den Straßen ihrer Städte. Doch alles andere liegt nun in Gottes Händen. Dafür bin ich nicht mehr zuständig, was passieren werde. Ich tritt eine sehr lange Reise an zum Tempel der Liebe. Meine alte Haut verlor ich auf dem Weg. Bei der Reise nach innen, also zum Tempel bedarf es einer enormen Geduld. Es kann mehrere Ewigkeiten dauern. Die Suche nach dem Göttlichen ist nur für geduldige Menschen. Die Rasenden, die sich dem Billigen und der Hurerei widmen, können diesen Pfad nicht gehen. Das Establishment und sein Volk haben es deswegen auf mich Abgesehen. Sie wollen mich kreuzigen, weil wir Liebenden diesen langen Pfad gehen. Sie hassen jene, die diese langen Wege begehen. Wir sind nämlich die wahren Künstler des Lebens. Doch ihre Künstler wollen alles auf dem kürzesten Weg erwerben. Ohne dafür Spott von der Masse ertragen zu müssen. Dies ist keine Kunst, nur reinster Dreck.

„Mahavira muss Kommunist gewesen sein, ebenso wie Buddha, Mohammed und Jesus. Auch wenn niemand sie gefragt hat. Wenn man unter Kommunismus versteht, dass einem das Wohlergehen aller am Herzen liegt und wünscht, dass alle am Fortschritt teilhaben und ihr Leben genießen können, wie kann ein spiritueller Mensch dann etwas anderes sein als ein Kommunist."

Osho

Doch alle Ismen sind Gift für die schöne Seele des Menschen. Wann immer sich jemand an eine Ideologie oder an ein Glaubenssystem bindet, ist dies ein Zeichen von Unterwerfung und Versklavung. Ein freier Geist bleibt ohne Führer und schließt sich keiner Gemeinschaft an. Alle Sekten und Institutionen sind nur darauf aus, das Bewusstsein des Menschen zu versklaven. Jene die Glauben sind auch nur Sklaven. Sie werden niemals im Stande sein, die Wahrheit zu erkunden und finden, da sie sich nicht der Erforschung der Wahrheit widmen. Der Mensch hat für mich frei zu sein von allem. Wie sehr wünsche ich mir Freigeister, doch leider bin ich nicht allzu vielen begegnet hier in diesem Lande. Die Menschen haben total aufgehört zu denken. Für sie wird heute gedacht. Sie müssen geschworen haben blind zu bleiben. Es gibt keine andere Erklärung dafür. Deswegen mein Todesurteil. Sie hatten so schön geschlafen, ich störte ihren Schlaf.

„Die Welt besteht nicht nur aus dem Sichtbaren und Hörbaren. Sie besteht nicht nur aus Dingen, die man mit eigenen Augen und Ohren wahrnehmen kann. Die Welt geht weit über das Sichtbare und Hörbare hinaus, sie enthält sehr viel mehr. Ständig sind zahllose Lebewesen, Seelen um euch, die ihr aber weder sehen noch kontaktieren könnt. Ihr wisst nicht einmal, dass jemand da ist."

Bodhidarma

Ja, es gibt nicht nur den Menschen. Er ist nicht Mittelpunkt der Erde. Es gibt viel höhere Lebensformen. Wenn die Liebenden reden, lauschen ihnen nicht zu nur die Menschen, sondern auch göttliche Seelen. Aber damit können Leute etwas anfangen, die verstehen können. Den Blinden verschweigt man so etwas besser. Wann wird endlich die Zeit kommen, da man auch über solche Dinge sprechen darf? Ich weiß, die Leute haben Jesus gekreuzigt, Sokrates vergiftet und Nietzsche leiden lassen bis er starb. Sie können nicht ihre alten Gewohnheiten lassen, sie werden in meinem Fall keine Ausnahme machen. Doch ich hatte nur ein Erstreben, das schlafende Bewusstsein zu wecken. Doch die Liebenden sind schon einige Male hier gewesen und werden auch viele Male in der Zukunft da sein. Man kann uns nicht töten.

*„Ließ scheren mein Haar. Vor mir den Schwarzhaarberg,
wechsle ich die Kleider."*

Matsuo Basho

Verflucht nochmal, so ist es nun mal, das mein Herz erzählen möchte. Wut ist nicht gut für den Körper, doch wenn man sich der Wahrheit gewidmet hat, macht einen diese Welt traurig. Wie betrunken die Menschen doch in ihrem Alltag nur sind? Sehnsucht hat das Herz nach einer schönen Welt und doch mag es nicht reden. Womöglich ist es zu müde von all der Hektik der Welt. Doch habe ich denn kein Anrecht zu lieben in diesen Welten? Nein, sagt eine laute Stimme aus dem Jenseits. Nein, du hast kein Recht zu lieben. So widme ich mich der Stille und ziehe mit meiner Mönchschale weiter um die Gassen. Mein einziger Reichtum ist das Leben in all seiner Fülle, mehr besitze ich nicht. Ich kann nur schreiben, dafür bin ich geboren worden, der geborene philosophische Mystiker. Sitzend in meiner alten Stube warte ich darauf Verstanden zu werden. Doch wie sollen sie mich denn verstehen? Dies scheint unmöglich zu sein. Jeder Mensch lebt doch in seinen eigenen Höhlen. Doch was ist wenn die Masse unten im Tal wohnt, wo es von giftigen Schlangen umringt ist? Was ist wenn ich oben auf dem Gipfel des Berges sitze? Wie soll mein Wort ihre Herzen erreichen? Nein, das wird nicht passieren. Missverstanden zu werden, dies ist dem Genie Schicksal. Deswegen fliehe ich vor den Menschen. In der Natur fühlt sich die Seele geborgen. Sterben möchte ich, um mich auf den Weg zu begeben zu den Propheten, Philosophen und Dichtern. Sie alle wohnen in der gleichen Sphäre. Dort hat die Masse keinen Zutritt, weder die Gläubigen, noch die Intellektuellen dürfen dort hinein. Nein, ich möchte nicht die kleinen Auftritte in dieser Welt, es soll die mysteriöse, große Bühne sein.

Die kleine Bühne des Lebens ist für die Reichen und Machthungrigen bestimmt. Die Menschheit ist gestorben, vermutlich hat sie nie gelebt.

„Gesegnet sind die, die sich verbeugt haben, denn sie werden sich niemals verbeugen müssen. Gesegnet sind die, die verloren haben, denn niemand kann sie besiegen.“

Lao-Tse

Mit eurem göttlichen Wesen Liebe zu machen, wäre sehr schön gewesen. Ich wanderte an langen Tagen durch eure Städte, suchte nach liebenden, zärtlichen Seelen. Doch nirgends fand ich Wärme in euren Hütten. Ihr habt euch geweigert mit mir Liebe zu machen, dafür hättet ihr euer Ego aufgeben müssen, und damit die Art und Weise wie ihr gelebt habt. Das war euch zu schwer und kam nicht in Frage. Von Gold und Silber sich zu trennen ist sehr schwer.

„Wintersprühregen. Auch Äffchen wünscht sich ein Strohmäntelchen."

Matsuo Basho

Es war einmal, es war kein Mal ein schöner Junge in einem fernen Land. Sie nannten ihn den „Fremden". So zeigte das Volk was sie über den Jungen dachte. Die Masse kann niemals wahre Schönheit dulden, so verpönen sie die Blumen der Welt, das Salz der Erde. Des Jungen Gang war voller Schönheit. Zart und Fein. Wenn er lief duftete es nach frischen Limonen und er verbeugte sich vor den Bäumen und Blumen auf seinen langen Spaziergängen, im Lande wo man ihn den Fremden nannte. Der Junge wusste von der Liebe zur Ewigkeit. Auch wenn es ihn an manchen Tagen traurig machte, dass man ihn den Fremden nannte, so wusste er dass die Masse unwissend war, arrogant und Ignorant. Verloren waren sie in ihrer eigenen dunklen Welt. Sein Gang war stets der Natur gewidmet. Seine Augen hatten etwas Besonderes. Er konnte damit die Koordinaten der Welt lesen und in das Innere der Menschen blicken. Menschen, die an ihm vorbei liefen merkten etwas. Doch sie hatten Angst vor dieser Aura. Nur jene, die Liebe kennen gelernt hatten fühlten sich ihm Nahe. Da jedoch, die meisten Menschen in diesem Land keine Ahnung von den Mysterien der Liebe hatten, so nannten sie ihn einfach einen Fremden. Dies war die einfachste Möglichkeit ihn fern zu halten. Der Junge schaute oft zum Himmel hinauf. Er ernährte sich stets vom schönsten Himmel oder von den Sternen wenn er hungrig war. Sein Kompass war zu allen Zeiten seines Lebens die verrückte Ewigkeit. Deswegen schaute der fremde Junge wie man ihn Volkstümlich nannte entweder zum Horizont des Himmels oder er blickte in das Universum in seinem Inneren, genau da bei der linken Brustgegend. Nein, er schaute den Menschen nicht direkt in die Augen, denn die waren sehr gefährlich. Die Menschen hatten sehr große Angst davor. „Warum schaut dieser fremde Junge uns immer so seltsam an", sagte die vergängliche Masse. „Ich habe so großes Mitleid mit den Menschen", sagte der schöne Junge wenn er ihre Welten sah. „Wenn ich sie betrachte kann ich ihre schmutzige Welt im Inneren sehen, und dies macht ihnen zu schaffen, deswegen schaue ich ihnen nicht in die Augen, da ich sie nicht verletzen möchte."

„Wie kann man, wenn man voller Kummer in der Fremde sitzt, diese traurigen Laute ertragen?"

Matsuo Basho

Ja, es ist der schöpferische Geist, welcher nur Kinder erzeugen kann. Er zeugt Kinder der schönsten Werke, die für die Ewigkeit hier auf dieser Welt bleiben. Die Kinder der Masse haben nur ein vergängliches Leben. Nach dem Tode ist für sie das Leben vorbei. Ja, die Liebenden hassen das graue Licht im Nebel, sie sind stets auf der Suche nach neuem Lichte. Ja, die Dialektik der Geschichte ist nur mit den Künstlern der Ewigkeit in Beziehung. Alles andere wird Verwelken. Die Ewigkeit vor den Augen, bin ich nur der Einzige der dies sehen kann? Vermutlich ist dies mein letztes Werk, der Kopf wird müde und träge. Das Herz weint jede Nacht und Tränen benetzen die Seiten meiner Bücher. Dunkelheit trübt meine Gedanken. Die Engel reden mit mir, ihre Stimmen werden immer lauter. Sie kommen immer näher. Mich mögen die meisten Menschen nicht, so muss ich vorsichtig sein wenn ich auf der Straße laufe. Am liebsten würde ich mich in diesem dunklen Zimmer einschließen, doch muss ich raus. Muss die Schönheit der Natur betrachten um dann zu schreiben. Sie ist meine Inspirationsquelle. Gottes Stimme redet in Form von Mutter Natur, es ist so unbeschreiblich schön, so dass ich den Verstand verliere. Der Akt des Schreibens verführt mich in einen fieberhaften Zustand. Bin umgeben von ignoranten Kreaturen, böswillig sind ihre Gedanken, ich kann es sehen. Was ich sehe, kann irgendwie niemand sonst in meiner Umgebung sehen, so geben sie mir die Diagnose, dass ich krank wäre. Doch ich werde soweit meine Kräfte genügen, die Bilder in meinem Kopf den Menschen durch meine Schriften teilen. Theilen möchte der Stift und das Papier, das Geschenk meiner Illusionen, doch keiner mag mein

Geschenk haben. Doch nur die verrückten Künstler wie ich verlieren den Verstand, die Intellektuellen widmen sich dem Geld und ihren gedeckten Tischen. Die sensiblen Menschen werden in Irrenhäuser gesteckt und die Normalen leben draußen und verpesten weiterhin das Leben.

„Ich glaube, dass ihr zu Emerson und Whitman und James sagen könnt: „In meinen Adern fließt das Blut der Dichter und weisen Männer von einst, und es ist mein Wunsch, zu euch zu kommen und zu empfangen, aber ich werde nicht mit leeren Händen kommen."

Khalil Gibran

Die Einwohner dieses niederen Volkes wo ich wohne haben eine Petition unterschrieben, dass sie mich nicht mehr länger hier haben möchten. Des Volkes Willen ist meine Kreuzigung. Das Volk nennt meine Werke „Verstörend." Doch vielleicht hat mich Gott zu früh auf diese Welt kommen lassen. Vielleicht sind meine Werke für Menschen gemacht, die noch nicht geboren sind. Die Saat habe ich eingepflanzt, die Ernte wird erst nach vielen Jahrzenten folgen. Solange werden meine Schriften im Exil wohnen. Sie werden Pilger sein auf dieser Erde. Die Menschen wenden sich nur hin dem Sichtbaren. Die Unsichtbaren, schönen Kräfte können sie nicht sehen. Der Wille des Volkes ist immer gerichtet gegen die Blumen der Menschheit. Sie bringen in ihrem Willen die Propheten um, die schönsten Wanderer der Erde, die Propheten.

„Der wahren Poesie. Uranfänge. Das sind Pflanzerlieder. Eurer Hinterlande."

Matsuo Basho

Genannt werde ich der Fremde. Nein, ich möchte nichts haben, möchte nicht dirigieren. Die Menschen wollen befehlen und Macht ausüben, doch sie sind Gewalttäter gegen sich selbst und das Leben. Nein, alles soll euch gehören, das Materielle, dafür lebt ihr im Endeffekt. Dies ist euer einziger Lebenssinn. Mir gehören die Wege zu den Blumen. All die Städte können euch gehören wo Kampf und Aggressionen den Alltag bestimmen. Euch soll gehören der tiefe Schlaf, mir der lebendige Liebende. Ihr ernährt euch von den Brüsten der Wollust, mir gehören die Blumen. Ihr sorgt euch nicht um die wahren Probleme des Lebens, ihr seid betäubt von eurem Schlaf in weichen Betten, der Luxus ist euer Gott, und ihr sagt, dass ihr keine Religion habt? Natürlich habt ihr eine, es ist die Religion der Götter Produktion und Konsum. Ja, die Nacht ist lang in euren Häusern, dort widmet man sich dem Schlaf. Doch ich stehe hier auf der Blumenwiese oben auf dem Berg und schaue hinab. Ich spreche ein Gebet aus an die Schöpfung. „Liebende Existenz, Ich blicke nach unten ins Tal zu den Menschen und rieche die schlimmsten Gerüchte die es gibt. Noch höher muss ich steigen, ganz weit weg, zu den höchsten Bergen und muss mich verneigen vor dir, dass du diese Berge erschaffen hast, sie sind meine Rettung vor den Menschen."

„Lieber ein Grab in Kolumbien, als eine Zelle in den Usa.“

Pablo Escobar

Der Fremde blickte mit geheimnisvollen Augen in die Menge. Er blickt ganz lange, und bemitleidete die Menschen. Sie waren undankbar und Heuchlerisch in seinen Augen. Sie hatten die Freundschaft zur Natur umgebracht. Die Natur kann schwer atmen wegen den Menschen. Kein anderes Geschöpf außer dem Menschen war so brutal gewesen. Sie hatten alles Nötige zum Leben, doch sie waren wie Bestien, sie wollten immer mehr. Doch die Natur wird euch nicht mehr weiterhin lieben. Sie wird euch ab diesem Tag seine wütende Seite zeigen, dies ist euer Werk, ihr Menschen. Die Liebe redet durch das Wasser, doch ihr wolltet nur Blut vergießen. Die Dichter können nicht mehr zu den Sternen sehen und Dichten, da ihr den Himmel verschmutzt habt. Als der Fremde dies alles dacht, kehrte er der Masse den Rücken und lief wieder zu den Bergen voller Blumen.

„Um die Blüten trauere ich und die flüchtige Welt. Vor mir,
nur trüber Wein und schwarzer Reis."

Matsuo Basho

Oh, ihr Menschen, warum teilt ihr nicht? Alles gehört dem Ganzen, nichts gehört euch, wisst ihr dies denn immer noch nicht? Alles was ihr besitzt sind nur Leihgaben der Schöpfung, davor haben sie jemand anderem gehört und nach euch werden sie anderen gehören. Ihr seht nur eure eigene Habgier, nichts anderes im Blick. Deswegen der Hass auf mich, die prophetische Botschaft mag theilen und Lieben. Nein, ihr werdet nicht satt, eure Welt, die ihr errichtet habt ist genauso wie ihr. Dunkel und voller böser Energien. So kann keine schöne Welt errichtet werden. Doch ihr möchtet euch nicht ändern, was soll ich zu euch noch sagen? Wegen euch verlor ich meine seelische Gesundheit, nun steht meine Kreuzigung bevor. Theilt um eure Unwissenheit zu vertreiben, es gibt keinen anderen Weg. Nein, ihr vertraut nicht dem Leben und den Blumen. Nein, ihr werdet teilen, ob früher oder später, das Leben wird euch zwingen dazu. Ihr werdet sehen. All die Katastrophen die euch bevor stehen werden dies befolgen. Ihr erwerbt euren Lebensunterhalt mit Wettbewerb und Streit und betäubt euch dann mit Drogen und Chemikalien. Was ist das nur für ein niederes Leben?

„Du und ich, wir sind Eins. Ich kann dir nicht wehtun, ohne mich zu verletzen."

Pablo Escobar

Warum zieht ihr Menschen alle in die Städte? Weil ihr nicht mehr lieben könnt, die Blumen, die Vögel und die Bäume. Ihr wollt folgen dem Lärm und der Hurerei der Städte, dies ist euer Erstreben. Ihr dachtet, mehr Besitz würde glücklicher machen, doch ihr habt geirrt. Verlasst die Städte wo der Teufel der Gleichgültigkeit wohnt. Kehrt um zur Mutter Natur. Doch ihr wollt den Konzernen Sklaven sein, die euch zu Untertanen machen und unsere Mutter, die Natur vergewaltigen mit ihren Handlungen. Ihr seid einfach komische Wesen ihr Menschen. Ihr sucht das Glück in den Städten und die Liebe ist dort fern. Ja, die schönen Geister haben euch gewarnt, doch ihr wolltet nicht hören. Ihr hattet nur Ohren für die Werbung der Industrie. Nein, schaut dass ihr ein Lob von der Mutter Natur bekommt und nicht von den Herren der Industrie und Politik.

„Wo Kasashima liegt? Gleich da am Schlammpfad, des großen Regens."

Matsuo Basho

Ich betrachte eure Großstädte aus der Vogelperspektive. Wir, die dem Leben dienen schauen auf das Leben stets aus der Rückansicht, aus dem Rückspiegel. Wir fliegen zu Höhen um dann euch zu betrachten, wie Rücksichtslos ihr lebt und eurem eigenen Egoismus folgt. Was ich unten in den Städten zu sehen bekomme, verwirrt und macht traurig und wütend zugleich. Wieso rennt ihr Menschen stets in die Großstädte? Weil ihr die Liebe zu den Vögeln und Blumen verloren habt. Ihr wollt immer mehr anhäufen und in den Großstädten ist der Teufel des Wettbewerbs zuhause. Ihr wollt euch einfach nicht Befreunden mit der Mutter Natur. Kehrt um zu euren Dörfern und Bauernhöfen. Die Straßen der Großstädte sollen euren Geist und eure Seele verderben, deswegen wurden sie errichtet.

„Der erste Schnee. Er liegt schwer auf den Blättern der Narzissen."

Matsuo Basho

Kannst du meine Prophezeiung sehen? Das Schwert der Masse hinter mir her, dem Henker wollen sie meinen Kopf übergeben. Doch keiner kann mein Werk verhindern, es wird zu Ende geschrieben werden. Der schönste Engel beschützt mich, seine schützenden Flügel stets fühlend hinter mir. Wollte die Jugend mit meinen Büchern erreichen, doch sie haben sich der Religion der Mechanik, der Technologie gewidmet. Sie beten sie förmlich an. Die Frage aller Fragen, ja sie lieben mich nicht, ich sagte Sachen welche neu für sie sind. Deswegen lebt der Körper in Gefahr, der Geist ist in schöneren Welten, ihm können sie nichts antun. Nächte voller Schweißausbrüche, Tränen benetzen die Nacht, Ängste um meine Liebsten. Die Henker der Gesellschaft wissen um meine Schwächen. Es ist die Kunst der Liebe. Die Welt rollt stets weiter, überall Wettbewerb. Stellt man zu viele Fragen ist der Henker nah. Doch werden wir Liebenden nicht aufhören ihre Welt auf den Kopf zu stellen. Genug gehört von ihren Lügen. Jahrhunderte hat die Menschheit verschwendet wegen diesen Heuchlern. Der Kampf war und ist heute gegen die Kultur ihrer geldgierigen Ahnen. Sie wollen die Menschen töten. Jene, die zu viele Fragen stellen. Schaut in die Geschichte, nur Krieg und böse Worte. So ist ihre Gesellschaft, schau dich um mein junger Freund. Schöne und liebevolle Worte voller Poesie und Weiblichkeit sind selten. Man geht sparsam damit um oder benutzt sie nur um sie für einen Zweck zu nutzen. Man benutzt und beutet die Schönheit aus, nein sie lieben sie nicht. Sie töten die schönsten Blumen.

„Zwischen den Trauerblüten, meine ich Kanefusa zu erkennen, sein ergrautes Haupt."

Matsuo Basho

Was bleibt dem armen Menschen anders übrig zu stehlen? Ahmt er nicht nach den Führern der Elite? Sind sie es auch nicht die immer das Recht der Armen bestehlen? Zeit ist gekommen um unser Recht zurück zu holen. Ignorant ihre Art, als hätten sie diese schöne Existenz errichtet. Der schönste Schöpfer hat die schönsten Blumen gemalt, sie malen unser graues Schicksal. Nein, keine Akzeptanz mehr für ihr Urteil. Der Wahrheit gewidmet unseren Werken, auf Straßen voller schönen Rosen laufen wir Richtung schöner Tod. Die Reichen werden elendig Zugrunde gehen in ihrem angesammelten Scheiterhaufen. Die Liebenden werden erwarten die schönsten Engel an der Pforte zum Himmel. Das Leben ist kurz, oft gewarnt wurden sie. Doch wer nicht hört muss leiden viele Leben lang. Könnt ihr nun meine Prophezeiung besser sehen? Alte Augen bleiben fern dem Geheimnis des Lebens, es braucht kindliche Unschuld um das Feuer der Göttlichkeit zu sehen. Jeden Tag am Menschen studieren, die Machthaber überall die Gleichen. Kein Feuer in den Augen, keine Schönheit in ihren Herzen. Doch wir Liebenden sind wenige, doch unsere Schönheit nicht von dieser Welt. Es ist stets die Minderheit gegen die Mehrheit. Arm gegen Reich. Ja, sie lassen Menschen leiden die Fragen stellen, die sich dem Selbststudium widmen. Wann wird diese Unterdrückung ein Ende finden? Unser Schicksal, wie Jesus von Nazareth am Kreuz zu enden am Rande der Großstädte, dass es keiner mitbekommt. Zu groß die Angst vor der prophetischen Botschaft. Wir entnehmen diese Botschaft von der Quelle des Lebens, vom Geist der Indianer und Schamanen.

„Nichts als Flöhe und Läuse. Und nah an meinem Kopfkissen pisst auch noch ein Pferd."

Matsuo Basho

Kinder sind so schön, sie werden voller Schmerz geboren. Mütter schreien und gebären das schönste Wunder. Doch was ist danach? Kinder werden in unseren Gegenden mit so großer Last und in Armut großgezogen. Dann kommt die gerissene Gesellschaft und mag unsere Kinder wegnehmen. Sie möchten sie korrumpieren in ihren Schulen. Dort bringt man ihnen bei gegen die Liebe zu sein, sich nicht mehr in die Wunder der Natur zu verlieben. Dort wird gelehrt nach Profit und Gewinn zu streben, ohne Rücksicht auf Verluste. Jeder gegen jeden. Gesetze wie im Dschungel. Nein, selbst die Tiere sind nicht so Barbarisch. Sie sind unschuldig. Würden Tiere eine Religion gründen, wäre der Teufel, der Mensch. Die Besitzenden stehlen weiter, die Welt dreht am Rad und die Armen weiter leidend. Kann dies ewig so weiter gehen? Doch wir sind Dankbar in unserer Armut, studieren Bücher der großen Denker und Philosophen. Sie sind mit uns und nicht mit den Reichen. Sie benutzen ihre Namen, doch kann man ihr ekliges Spiel durchschauen. Gott ist mit den Denkern, Mystikern und Philosophen.

*„Gebrauche keinen Weg als Weg, habe keine Beschränkung
als Beschränkung.“*

Bruce Lee, Jeet Kune Do

Wie kann man als ein Engel leben in dieser Welt, wenn sie voller
Teufel ist im Gewand der Menschen? Ist unsere Last schwer, ist sie zu
ertragen? Eingepfercht in Betonbauten, das Ende des Monats wird
zur Hölle. Sie schwimmen in Geld, ja das Schicksal wird sie hart
treffen. So kann nicht weiter gelebt werden. Aufzuwecken die
schlafenden Massen, so ist das Ziel meiner Schriften. Doch ihr haltet
mich für Gewalttätig. Seit wann bedeutet Denken eine Straftat. Oh,
doch es ist die größte Sünde in diesen Tagen und seit es
Menschentage gibt. Die blinde Masse mit ihren führenden Herren
gegen die einzelnen Liebenden.

„Sich in der Totalität treiben zu lassen, keine Technik zu besitzen bedeutet alle Technik zu besitzen."

Bruce Lee, Jeet Kune Do

Menschen haben so viel Verlangen, sie merken gar nicht, dass dieses Verlangen die Erde zu Grunde richtet. Das Verlangen immer mehr zu gewinnen. Der Geist stets rastlos immer in Ungeduld. Doch sehen sie nicht, dass weltlicher Ruhm alles eine Illusion für sich ist. Alles geht vorbei, so sagt der Meister. Aktion ist das Verhältnis zu allem. Dies bedeutet in Wirklichkeit das Wort Karma. Beschränkte Geister regieren die Welt, freie Geister leben im Verborgenen. Sie kann man nicht unter der Masse sehen und selbst wenn sie dort für eine kurze Zeit verweilen nimmt man sie nicht wahr, da sie wie ein stiller See sind. Sie kommen kurz auf den Marktplatz der Menschen um von ihrer feinfühligen Energie, Aktion zu teilen. Doch blind die Augen der Narren. Das Geschäft nur in den Augen, wessen Hand in welcher Tasche, alles ungewiss. Gottes schöne Markthalle und Existenz gleicht einer Markthalle wo nur der Profit zählt. Dies war der Protest von Jesus von Nazareth. Es sind seine Blumen die uns am Leben halten. Der Geist haftet an den Gott Mammon auf ihrem Marktplatz. Solange nicht die formlose Form im Geiste erreicht wird, keine Schönheit in ihren Welten.

„Jeet Kune Do ist nicht dazu da um zu verletzen, sondern es ist einer der Wege, wodurch das Leben seine Geheimnisse uns offenbart. Wir können andere nur durschauen, wenn wir uns selbst durchschauen können, und Jeet Kune Do ist ein Schritt zur Selbsterkenntnis."

Bruce Lee, Jeet Kune Do

Die Tugend der Gehorsamkeit führt zu Gewalt in dieser Welt. Sowohl die Schwachen als auch die Starken lieben diese Tugend. Man gibt seine Verantwortung ab und kann weiter leben in Blindheit. Andere entscheiden für uns. Der Konformismus in Person. Wahre Kunst besteht darin stets in Bewegung zu sein, in Bewegung mit der Geige des Lebens. Mit seinen Tönen zu fließen, in Einklang zu sein. Doch die Menschen jagen in Leidenschaft Dingen nach ohne darüber nachzudenken, was sie mit ihren Handlungen auf der Welt bewirken. Die Dämmerung der Götzen bringt Dunkelheit und Gewitter unter die Menschen.

„*Mich, der immer nur trauert, magst noch trauriger machen.*
Du Tempel im Herbst."

Matsuo Basho

Ich singe durch meine Schriften, in der Ferne kann ich die Engel singen hören. Ich singe ihre Sehnsucht nach dem Tiefen. Auch wenn die Sätze bald ein Ende haben werden, in all meinen Liedern, doch die Liebe kennt kein Ende. Es werden eines Tages süße Menschen kommen und meine Bücher lesen und diese Werke fortsetzen. Die Menschen schauen nur auf den Finger, der auf den Mond zeigt, doch wir Liebenden sind der Mond selbst. Mit dem Mond mag sich keiner beschäftigen. Zu hell ist ihr Licht. Es ist einfacher mit dem Finger sich zu betäuben.

„Dankbar genießt man im Südtal den Wind. Er weht seinen Duft über den Schnee."

Matsuo Basho

Meine Zeilen sind wie kaltes Wasser, sie sollen euch schockieren und aus dem tiefen Schlaf aufwecken. Ihr wisst nichts von Wachheit. Ihr wisst noch nichts von dem Blumengarten in euch. Ihr wisst noch nicht einmal wer ihr seid. All eure Taten bringen euch deswegen in Sackgassen, wo ihr nicht mehr herausfindet. Individuell wie auch im Kollektiv. Ihr schaut stets nach draußen, zu den vergänglichen Dingen. Keiner möchte in sein eigenes Haus sehen. Deswegen bin ich alleine unter den Menschen, und doch ist dies besser als in schlechter Begleitung zu sein. In euren Welten bildet man sich Ein etwas zu wissen, doch wie kann man Wissen, wenn all die Gedanken aus dem eingebildeten Zentrum des Egos kommen? Es ist alles eine Fiktion in eurer Welt und ihr seid so blind, dass ihr dies noch nicht einmal bemerkt. Ihr fühlt euch Minderwertig und Wertlos. Ihr wurdet verstoßen von der Liebe. Alles was euch umgab, betete das Gestern an. Es war nicht dem Morgen gewidmet. Doch das Leben läuft nicht Rückwärts. Die Gesellschaft mag stets zu allen Zeiten rückwärts laufen, es duldet keine Geister die sich dem Ewigen und der Unsterblichkeit ihr Leben gewidmet haben. Es geht ihnen nicht darum, dass ihr euch Selbst findet. So findet die Versklavung statt, und ihr denkt immer noch ihr seid frei? Ihr seid stets Narren gewesen, zu allen Zeiten. Du sollst ein leistungsfähiger Mechanismus in ihrer Sklaverei werden. Du musst in das Schema passen, nur so hat ihre unmenschliche Gesellschaft fortbestand. Sie geben euch Moralvorstellungen, und wenn ihr euch nicht daran haltet, dann seid ihr sofort Außenseiter. Die Gesellschaft ist der listigste Mörder von Allen. Man merkt den Mord kaum. Wenn ein einzelner Mann jemanden tötet wird er zum Mörder und muss ins Gefängnis. Doch wenn man im Krieg Tausende von Menschen tötet im Namen des Vaterlandes, dann wird man zu einem großen Helden. Welch ein verstörtes Spiel.

„Über den Yudono Berg musste ich schweigen. Mit tränennassen Ärmeln."

Matsuo Basho

Jedes Kind muss sich anpassen, oder es wird diskriminiert von Euch. Man muss ein leistungsfähiger Sklave werden, für Feinfühlige ist in eurer Welt kein Platz. Sie sind zu tief in ihrer Seele und wohnen im Lande der schönen Engel. Bei euch wohnt der Teufel mit harten, toten Herzen. Ihr sucht ständig nach Aufmerksamkeit im Außen, da ihr keine Liebe in euch verspürt. Ihr wendet euch gegen die Existenz mit euren herrschenden Normen und Strukturen. Ihr folgt dem künstlichen Ego, dies bedeutet den sicheren Tod für uns Alle in naher Zeit. Doch nur wer durch das Chaos geht kann einen tanzenden Stern gebären. Doch ihr wollt nur im Luxus leben und den Göttern der Konformisten folgen. So gibt es keine Erneuerung und keinen Fortschritt. Eure Technologien werden euch töten, ihr werdet euer eigener Mörder werden. Der Mord an der Seele des Menschen ist im vollen Gange heute. Eure Profi Sportler und Entertainer sind die listigsten Verbrecher. Sie beten das Geld an und hegen keinen Protest gegen die Unmenschlichkeit. Sie sind teure Sklaven ihrer Herren, sie haben ihren Geist und ihre Seele verkauft. All ihr Geld und Reichtum wird ihnen als Feuer in ihre Häuser wieder zurückkehren. Denn es ist das Recht der Armen. Sie haben es geklaut. Die Kinder der Reichen werden leiden müssen, denn die Existenz ist geduldig, und sieht all die Tränen der Straßenkinder, die nichts zu Essen haben, während ihr in Luxus lebt. Alles wird euch zurück treffen. Und eure falschen Tränen, die aus dem Lande des Egos kommen, werden euch nicht helfen. So genießt eure Tage in Saus und Braus. Bald wird es ein bitteres Enden nehmen mit Euch und eurem Besitz. Der geliebte Jesus von Nazareth ist mein Zeuge. Ich küsse seine zarten Hände.

„Der Geist, der niemals stirbt nennt man geheimnisvoll Weibliches. Das Tor zum Weiblichen nennt man die Wurzel der Schöpfung. Auch wenn sie unsichtbar ist, dauert sie fort, sie wird niemals enden."

Lao-Tse, Tao Te King

Die Schulen und Universitäten dienen der heuchlerischen Gesellschaft. Dort sollt ihr eure Schönheit abgeben. Im Tausch dagegen bieten sie euch Diplome und einen gute Arbeitsstelle. Doch was nützt es wenn man die Blumen des Himmels in sich dafür abgeben muss? Von der Gesellschaft geschaffene Dinge können nicht im Dienste der Gesetze der Göttlichkeit stehen. Dies ist ein Naturgesetz. Man kann sie schmücken, doch ihre Hässlichkeit kann man nicht verbergen. So ist es mit euren Masken, die ihr anhabt. Unter eurer Maske seid ihr Tot. Es hat kein Leben in sich. Wie eine Plastikblume. Alles in der Natur ist vollkommen. Nur eure Welt wälzt sich im Schlamm. Es gibt keine schaffenden Künste auf euren Marktplätzen. Ihr wollt nicht Umdenken. Das Ewige kann nicht durch Schriften mitgeteilt werden. Es ist namenlos und Formlos. Doch bei euch will man alles Benennen und der Materie einen Preis verleihen. Der Ursprung der Schöpfung hat kein Interesse an materiellem Besitz oder Status. Doch euer Gesellschaftscharakter dreht sich nur um Besitz und Status. Dies bedeutet das Schwert gezogen zu haben gegen Jesus von Nazareth. All eure Besitztümer gehören dem Ganzen. Der Quelle des Lebens. So teilt heute noch Alles, denn sonst wird man es euch bald mit Gewalt wegnehmen.

„Der Himmel ist ewig, die Erde von Dauer.“

Lao-tse, Tao Te King

Die Wurzel der Schöpfung redet in weiblichen Tönen, so auch stets die Propheten. Wieso lässt man das Weibliche töten, stets zu allen Zeiten? Sehet, meine Werke geschrieben in weiblicher Poesie, so urteilt man über mich und man beschließt mein Urteil. Das Kreuz soll mein Leben nehmen. Wisst ihr denn nicht, dass ihr damit die Liebe tötet? Meinem Körper könnt ihr nichts anhaben. Die Weibliche Energie wird eines Tages zum Meer finden, egal wie sehr ihr uns auch tötet. Die Zartheit, so Siege gegen das Harte, gegen die Masse. Der Gesang der Engel wird weiterhin eure Marktplätze belästigen. Die große Mutter hat uns Liebenden gezeugt, wir müssen euch keine Rechtfertigung vor Gericht ablegen. Nur die große Mutter kann über uns Urteilen, nicht eure heuchlerischen Richter und Gesetze. Wirkliche Intelligenz, so komme sie aus dem Weiblichen. Die wahre Essenz des Lebens. Die göttliche Mutter, dem geheimnisvoll Weiblichen des Tao.

„Der Meister beobachtet die Welt, vertraut aber auf seine innere Vision. Er lässt die Dinge kommen und gehen. Er zieht das, was innen ist, dem vor, was außen ist."

Lao-tse, Tao Te King

In euren angeblich zivilisierten Ländern bedeutet zivilisiert sein vor allem, wie besessen Erfolg durch Macht und Dinge anzustreben. Doch nur selbstloses Handeln bringt Erfüllung, wisst ihr dies noch immer nicht? Ihr wollt es nicht wissen, habe ich Recht? Das Sanfte und Gütige ist traurig. Es wird in eurer Welt nicht gesehen. Wir Liebenden sind wie das Wasser, und Wasser will frei sein. Es lässt sich nicht in den Behälter eurer Welt einsperren. In dauernder Bewegung ist der Fluss des Lebens, und so auch wir. Ihr füllt eure Häuser mit Jade und Gold. Ihr prahlt mit eurem Gold, da ihr dem Leben nichts Schaffendes und Schöpferisches hinterlassen könnt. Dafür muss man Zugang zur Quelle haben. Alle großen Künstler waren in Verbindung mit den Gesetzen der Göttlichkeit. Nur so entstehen schöne Werke.

„Seid still und erkennt, dass ich Gott bin.“

Psalm 46

Jeder Baum, jede Pflanze auf der Wiese ist am Tanzen. Die ganze Existenz singt die schönsten Lieder. Die durchschnittlichen Augen, die dem Gestern folgen können dies nicht sehen. Ja, die alten Meister und Philosophen waren tiefgründig und feinsinnig. Ihre Weisheit war so unergründlich, sie lässt sich nicht in Worte fassen und beschreiben. Das Einzige, was man sah, ist ihr anmutiges Erscheinen voller Wunder. Wahre Führer der Menschheit reden wenig und niemals Unüberlegt. Sie arbeiten bei ihren Werken ohne Eigeninteresse und hinterlassen keine Spuren. Wahre Führer führen keine Menschen. Sie lassen die Menschen in Freiheit gedeihen. Doch in eurer Welt gibt es Regeln für Freundlichkeit und Gerechtigkeit. Dies ist ein sicheres Zeichen für fehlende Tugend. Daher sieht man bei euch viel Heuchelei. Die Liebenden Seelen halten sich nicht an eure Gesetze. Sie sind aus niederem Bewusstsein entstanden. Es gibt kein Stehlen in unseren Welten, da alles Allen gehört. Es gibt kein Eigentum von Land oder Besitz, sondern nur die Bereitschaft, alle und alles zu lieben und zu Achten. Gesetze die es für illegal erklären, zu stehlen sind nur entstanden weil ihr Menschen euch von der Liebe gelöst habt. In euren Welten regiert der Ehrgeiz und die Gewinnsucht. Dies ist der höchste Wert. Deswegen gibt es so viele Diebe bei euch. Bei euch strebt man nach Ruhm, ich vermeide das Rampenlicht und bleibe lieber in meiner armen, kalten Stube. Vielleicht bin ich ja der wahre Dummkopf, vielleicht sollte ich wie ihr sein und einfach bei diesem üblen Spiel welches ihr Gesellschaft und ihre Werte nennt mitmachen?!? Im Formlos entstehen die schönsten Formen. Durch alle Zeitalter werden diese Formen bestehen bleiben. Sie leben im Geheimnis.

„Und weil ich weiß, Zeit ist allimmer Zeit, und Ort ist Ort und anders nicht, Was wirklich währt, währt sich nur für seine Zeit. An seinem Ort, sonst nicht, bin ich froh, dass Dinge sind wie sie sind."

T.S Eliot

„Wahrlich der beste Herrscher, herrscht am wenigsten", sagt Lao-Tse. Die Menschen prahlen mit ihrem Können, wollen über andere Herrschen und Regieren. Sie sind stolz auf ihre billigen und einfachen Künste. Sie werden alle unter der Erde begraben werden, und niemand wird sich an sie erinnern. Ein weiches Herz bedauert es eher, dass er die Kriege dieser Welt nicht verhindern konnte. Doch ihr wollt stets Krieg und Wettbewerb haben, damit ihr euch besser fühlen könnt. Was soll ich euch noch sagen? Jede Handlung, getan mit Gewalt, fällt zu einem Zurück und sein Ende kommt allzu bald. Wieso geht man sparsam mit schönen Wörtern um in eurer Welt und mit geistigen Misshandlungen geht man sehr Reich um. Harte Worte regieren die Welt bei euch im Tal unten. Es sind keine blumigen Wörter die das Herz weicher machen und in Liebe versinken lassen, nein im Gegenteil, das Herz stirbt an Atemlosigkeit. Und Menschen die nicht an der Form eurer Gewalt teilnehmen wollen, die grenzt ihr einfach aus und steckt sie in Irrenhäuser oder ermordet sie. Ihr seid Heuchler. Die höhere Natur singt mit den weiblichen Engeln, die niedere Natur regiert im Tal bei euch unten.

„Die höchste Tugend ist Handeln ohne Ichgefühl. Die höchste Güte ist bedingungsloses Geben. Die höchste Gerechtigkeit ist ohne Bevorzugung zu sein."

Lao-Tse, Tao Te King

Die Existenz sucht keinerlei Anerkennung oder interessiert sich nicht für Ruhm, doch ihr tut es. Das bedeutet das Leben zu verneinen. Ihr gebt wenig oder gar nicht aber eure Prahlerei ist wie Gift. Es bringt mich zum Kotzen. Ihr verderbt mir meinen Magen mit euren Taten. Weltliche Freuden sind eure Führer. Doch das Sanfte überdauert das Starke, das werdet ihr bald Erfahren. Dies ist ein Spiel bis ihr im Grabe liegt. Dann werdet ihr Verstehen. Doch es wird zu spät sein. Vergängliche Gesetze beherrschen ihre Welten. Euer Leben bringt nichts, da ihr nicht im Einklang mit dem Weltall seid. Ihr dürft mich nicht falsch verstehen. Wenn ich „eure" Welt sage, dann meine ich damit die Machtgierigen im Geiste, die Sklaven der Macht sind, die Gehorsam ihren weltlichen Herren sind. Diejenigen die, die Armen unterdrücken und nicht teilen wollen. Die Habgierigen im Geiste, die der weltlichen Autorität verfallen sind. Die das kindliche und Weibliche umbringen mit ihren Worten und Handlungen. Ich meine damit die Harten Wesen im Geiste, die nur das Geld und den Profit sehen. Die spalten und sich mit Nationen und Religionen identifizieren und damit die Einheit des Lebens missachten. Sie sind Missetäter, die sich der Nekrophilie gewidmet haben. Keine Schönheit in ihren Augen, des Gebens Willen. Keine Wärme im Herzen. Diejenigen, die sich nicht der feinfühligen Vernunft bedienen sondern nur dem toten Intellekt. Die uns Liebenden Wesen diskriminieren und bei lebendigem Leibe ersticken lassen, und diejenigen die diesem System Unterstützung geben.

„Und was ist Tugend? Bewusstheit, größeres Gewahrsein."

Osho

Innerer Frieden bedeutet Macht. Ihr seid rastlos, immer in Hektik. Es ist des weißen Mannes Eigenschaft stets in Hektik zu sein und nach Besitz und Macht zu streben. Alles was sich ihm in den Weg stellt wird ermordet. Meine Vorfahren, die Indianer wurden auf diese Art und Weise umgebracht. Doch es wird der Tag kommen, weiße Spezies, weiße Denkart. Dein Ende wird kommen, es wird die Gerechtigkeit siegen und die schönen Kinderaugen der Indianer werden wieder funkeln wie das weite Meer. Meine Vorfahren klammerten sich an die Rosen und an die Reinheit der Blumenfelder. Eure Vorfahren wollten Besitzen und Zerstören. Die Welt heute ist dein Werk, weißer Mensch. Beglückwünsche dich. Du hast alle schönen Zivilisationen zerstört. Die Tiere und die Natur sind traurig, sie werden dein Urteil fällen, genauso wie du etliche Bäume gefällt hast, nur um damit Geld zu verdienen. Ihr wart Gewalttätig, und Gewalttätige sterben nicht eines natürlichen Todes. Dies ist die grundsätzliche Lehre des Lebens. Wer mir der Liebe und seinen Gesetzen schwimmt wird auf natürliche Weise leben und sterben. Ihr werdet sehen, das Weichste von allem überwindet das Härteste von allem. Die talentiertesten Künstler der Geschichte tanzen weich und mühelos, malen still und ohne Krafteinsatz. Sie schreiben leicht ohne zu ringen, in dem sie sich die Worte von dem geheimnisvollen Geist zufließen lassen. Eure Künstler sind in Wirklichkeit keine Künstler. Sie sind Scharlatane. Sie haben sich den Göttern des Mammon gewidmet und ihre Nahrung ist vergiftet und kommt aus dem Lande des Ego. Gottes einzige Stimme ist in der Stille.

„Aber nein, der Mensch ist verkehrt, und er sollte sich gefälligst ändern. Niemand wagt es aufzustehen und zu fragen, ob die Kultur und die Religion, denen es in zehntausend Jahren nicht gelungen ist, die Menschen mit Liebe zu erfüllen, vielleicht selbst verkehrt sein könnten."

Osho

Eure Zivilisation wird vom Ego beherrscht. Dort gedeihen keine schönen Blumen. Nur Blumen aus Plastik und die sind ja gewöhnlich Tot. Immer mehr zu wollen ist euer höchstes Gedicht, mehr wisst ihr nicht. Ihr habt keine Freude in der Genügsamkeit und verpönt jene die es haben. Es gibt keine größere Tragödie als Eure. Ihr habt Massenvernichtungswaffen und prangert mich ans Kreuz weil ich Bücher schreibe. Ihr müsst sehr weit weg sein von der Wahrheit. Ihr habt Schlachthöfe wo ihr Millionen von Tieren jeden Tag tötet um sie zu verschlingen, doch meine Wenigkeit soll der Dorn in eurer Gesellschaft sein? Ihr seid Bestien keine Menschen. Ich blicke zum Himmel und bete, dass die Masse endlich zur Besinnung kommt und die Sauferei und Hurerei ihrer rastlosten Welt und Werte endlich ein Ende hat. Sie denken nicht über das Leben nach, nein. Ihr einziger Wille ist das Vergnügen. Die Sprache des Tempels der Liebe ist ihnen fremd. Je mehr ihr anhäuft umso mehr Bestien werdet ihr. Die Tiere verfluchen euch, nur dass ihr Bescheid wisset. Der Weg des Sammeln und Hortens hat eure grässliche Welt erschaffen. Ihr Narren, ihr könnt nichts besitzen. Wir sind nur Gäste hier.

„Großartig gekleidet sein, ein scharfes Schwert tragen, sich voll essen und trinken. Reichtum anhäufen, bis man nichts mehr damit anzufangen weiß, bedeutet wie ein Räuber gebären. Ich aber sagte. Dieser Pomp auf Kosten anderer ist wie das Prahlen von Dieben nach einer Plünderung. Dies ist nicht das Tao."

Lao-Tse, Tao Te King

Wir Liebenden behandeln alle Wesen mit Güte, auch wenn sie uns misshandeln wollen und bald kreuzigen werden. Sie zu hassen, wäre gegen unseren Pfad. Wir können nicht hassen. Nur ihre Welt umwälzen, ihre Werte hinterfragen. Wir sehen alle Kinder als unsere Eigenen an. Ihr nur eure Eigenen. Ob andere Kinder verhungern oder Kinderarbeit machen müsse, nur damit es euch gut geht, das ist euch egal. Die Liebenden verhalten sich wie kleine Kinder, ihr wie herzlose Erwachsene. Doch warum ist dies alles so? Weil ihr euch an das vergängliche Leben klammert. Die Masse schreitet nur vom Leben bis zum Tod. Sie hinterlassen nichts Schöpferisches. Sie haben nie gelebt. Sie glauben zu leben, sie glauben einfach nur. Die Liebenden wollen den Menschen nicht Gehorsam sein, sie wollen nützlich sein der ewigen Kunst und ihrer Künste.

„Sieh den Glanz der Paläste, und sieh die Armut der Bauernhöfe, wie leer sind die Kornspeicher der Bauern, während die Oberschicht Stickereien trägt, die geschärfte Waffen verbergen. Je mehr sie besitzen, desto mehr konfiszieren sie. Wie kann es Menschen geben wie diese, die nie hungern, die dürsten, doch essen und trinken, bis sie platzen.“

Anonym

Die Bevölkerung ganzer Kontinente leiden Hunger, während andere in Prachtenfaltung leben. Wie können diese Kreaturen nur schlafen? Haben sie denn kein Gewissen? Zerstörerische Waffen werden finanziert, während Millionen in Armut leben. Welch eine Welt ist dies nur, liebster Herr. Nein, du hast diese Welt nicht geschaffen. Es waren die Menschen, nein es ist der Teufel der in ihnen wohnt. Erschüttert ist das Herz über die Hartherzigkeit und Gleichgültigkeit der Menschen und wie sie sich verhalten. Des Hastens und Treibens macht die Menschen verrückt. Doch wer um diese Sachen weiß, der redet in dieser Welt nicht mehr. Und die, die Reden, die wissen Nichts. Das ist das Elend der Welt. Es ist zu spät. Deswegen reden die Liebenden nicht mehr.

Der Mensch von heute wird auch morgen der gleiche sein. Die Menschen waren immer gleich und werden gleich bleiben. Bei den Vögeln, Tieren und Pflanzen, die weder Religion noch Kultur haben, kann man mehr Liebe entdecken als bei den Menschen. Bei den rückständigen Stammesangehörigen aus dem Dschungel, die über keine voll entwickelte Religion, Zivilisation oder Kultur verfügen, kann man mehr Liebe entdecken als bei den so genannten progressiven, kultivierten und zivilisierten Menschen von heute."

Osho

Nähert man sich der Welt mit Liebe, dann kann das Böse nicht siegen. All die Politiker und Machthaber sind nur das Ergebnis einer liebelosen Welt. Menschen wollen nicht selbst denken, und überlassen ihr Schicksal gewissen Autoritäten. Das Weibliche besiegt das Männliche durch Stille, indem es sich durch seine Ruhe unterstellt. Das Weibliche wird siegen, ob früher oder später in anderen Welten oder Formen. Die weibliche Energie ist Empfänger aller Dinge. Sie ist still und ruhig. Sie besiegt die männliche Energie, da jene Unterwerfen und Erobern möchte.

„Der Ganges fließt aus dem Himalaja. Es ist sein Wesen, zu fließen, er ist lebendig, er führt Wasser, er fließt, und er findet seinen Weg zum Ozean. Er muss keinen Polizisten oder Priester darum bitten, ihm den Weg zum Ozean zu weisen.“

Osho

Warum reagiert man hier im Westen so heftig auf jedes Individuum, dass von der Norm abweicht? Wieso bekommt man sofort Angst? Hatte denn nicht Jesus von Nazareth, Vincent Van Gogh und Friedrich Nietzsche von der Norm abgewichen? Wenn man doch die Menschen kreuzigt und ermordet, wieso feiert man dann Weihnachten? Ist dies nicht Heuchlerisch? Unsere Gesundheit wird an die Anpassung zur Masse gewertet. Weicht man davon ab bekommt man Angst vor diesen schönen Blumen. Nur der Rebell, der zur wahren Schönheit in sich selbst findet, kann Geschichte schreiben, durch seine zarten Werke. Nur wer die Konditionierung seiner eigenen Sippe hinterfragen und sich davon befreit, kann zu einem Menschen werden. Nur wer seine eigene Religion und Nation aufgibt kann zur wahren Religiosität finden. Nur wer Gott aufgibt, wird zum wahren Schöpfer finden. Jede Kultur gibt dem Kind eine Identität. Eine Sklaverei, die über Jahrhunderte weiter gegeben wurde. Möchte man zu einem Menschen werden, muss man dies alles hinter sich lassen. Ja, es ist nicht einfach zu einem Menschen zu werden, dafür bedarf es viel Leid und Einsamkeit auf sich zu nehmen. Ausgeschlossen zu werden von der Herde.

„Entsetzen sich deine Augen über des Lebens Grausamkeiten. Ist dein Mund ganz ausgetrocknet, und dir fehlen Worte, dann bin ich das erste, lindernde Schlückchen kühlen Wassers. Denk an mich."

Rat Sai Babas

Alle Propheten gingen den Weg der Weiblichkeit, doch ihre Anhänger folgen dem Weg des Männlichen. Wie verlogen können diese Anhänger nur sein? Doch, dies ist nun zu Ende. Ich entlarve ihre bösen Spiele. Alles was wir haben ist nur der jetzige Moment. Wieso dann all den vergänglichen Reichtum anhäufen? Des Meisters Aufgabe ist es keine kostbaren Dinge anzuhäufen und nicht an Ideen festzuhalten. Er hilft mit seinen Werken, dass die Menschen ihr eigenes Wesen finden. Des Meisters Wissen ist das Nichtwissen. Dies vermittelt er mit einem einfachen Gemüt. Er bleibt niedrig und macht die Welt nicht müde. Er ist ein erhabener Diener der Liebe zu den ewigen Werken. Das Meer ist sein bester Freund. Der Ozean ist der König aller Dinge. Von ihm erlernt er seine Lektionen. Alle Ströme des Lebens fließen am Ende ins Meer. Die Liebenden sind Diener, keine Herrscher. Ihr zartes Wesen kann nicht Herrschen. Es wäre wie Selbstmord am schönsten Gott in ihnen. Das große Meer dient allen Wesen. Die männlichen Eigenschaften sind dem Meister fremd und Fern. Denn die männlichen Eigenschaften sind gegen das Leben. Arroganz, Hochmut und Großmannssucht sind einige Eigenschaften der männlichen Lebensweise. Doch die wahren Werkzeuge und Diener der schönsten Götter sind Weiblich und Feminin. In der westlichen Welt bedeutet gesellschaftlich Vorankommen meistens Streit und Wettkampf. Dies bedeutet andere zu besiegen und zu Erniedrigen. Weit weg ist die westliche Welt von der weiblichen Zartheit der Propheten, Dichter und Poeten.

„Es ist ein Wunder, dass ich nicht alle Erwartungen aufgegeben habe, denn sie scheinen absurd und unausführbar. Trotzdem halte ich an ihnen fest, trotz allem, weil ich noch immer an das innere Gute im Menschen glaube. Ich fühle das Leid von Millionen Menschen mit. Und doch, wenn ich zum Himmel schaue, denke ich, dass sich alles wieder zum Guten wenden wird."

Das Tagebuch der Anne Frank

Das Werk zu schreiben ist schön, doch solange es nicht ins Leben umgesetzt wird, ist es Nutzlos. Doch die Menschen haben keine Kenntnis davon. Sie kennen mich nicht. Die mich wirklich sehen sind Rar und Edel. Meine Geliebten sind die Berge und die einsamen waldigen Täler. Die rauschenden Flüsse, das Liebkosen der sich paarenden Winde. Die selige Nacht, die Musik der Stille. Einsamkeit voll Klänge. Doch durchschnittliche Augen können dies nicht sehen. Das Erbe des Koran ist in den weiblichen Tönen der Symphonie der Existenz versteckt. Sie wartet darauf in ihrer wahren Schönheit gesehen zu werden. Die religiösen Menschen sind die größten Feinde des Korans.

„Zum Gebenden kommt die Fülle des Lebens, zum Nehmenden bloß eine leere Hand."

Lao-Tse

Ja, meine Worte sind meistens nicht Angenehm zu hören und lesen. Doch wie soll ich euch sonst aufwecken? Ihr seid in einem tiefen Schlaf, in einer tiefen Narkose. Über Jahrhunderte hat man euch im Schlaf gehalten, deswegen ist es nicht leicht euch von euren Fesseln zu befreien. Das Harte wird Steife bringen, das Weiche, Geschmeidige wird siegen. Das Leben redet die Sprache des Weichen. Das Wasser ist weich, man kann ihm nicht Schaden zufügen. Es kehrt stets zu seinem Ursprung zurück. Die Starrheit, die Härte, Selbstbewusstsein und Dominanz sind in Wahrheit überhaupt keine Merkmale von Stärke. Diese Eigenschaften werden sehr einfach durch das Weiche besiegt, da sie Unterstützung vom Leben bekommen.

„Wo Beleidigung ist, lass mich für Verzeihung sorgen."

Franz von Assisi

Des Meisters Aufgabe ist euch von eurem Bettlerdasein zu befreien und zum Tempel der Liebe zu führen. Der Meister sieht euren Schlaf. Denn im Außen sehen die Menschen gepflegt aus und haben schicke Klamotten an, doch sind sie in einem tiefen Schlaf. Tief im Inneren sind sie Sklaven. Die Menschen haben einfach vergessen und verlernt was es heißt zu leben. Jeder mag dem Anderen etwas lehren. Doch können Bettler geben? Man ist leer und die Menschen versuchen sich gegenseitig zu Beherrschen und Benutzen. Ihre Liebe ist nicht echt, es ist gespielt und man mag Gehorsam sein dem Stärkeren. Der Tod naht für jeden und was ihr habt ist nur euer Smartphone und euer Fernseher. Denn das ist alles was ihr habt. Ihr seid nur Zuschauer bei Allem.

„Es ist wahr, wir lieben das Leben, nicht weil wir ans Leben,
sondern weil wir ans Lieben gewöhnt sind."

Also sprach Zarathustra

Jeder Mensch ist für jedes Gewaltverbrechen verantwortlich und trägt Schuld an bösen Geschehnissen, auch wenn sie auf der anderen Seite der Welt passieren. Ohne Ausnahme ist dies so. Jeder der im Verstand lebt übt Gewalt gegen das Leben aus. Die Kriegszustände auf der Welt sind nur Symptome der Inneren Gerissenheit. Die Erde ist eine Hölle und du bist auch einer von denen, die diese Welt geschaffen haben mit deinen Gedanken und Taten. Es ist ein kollektives Phänomen. Auch wenn irgendwo auf der Welt eine Bombe explodiert, das macht nicht den geringsten Unterschied, denn Gedanken sind räumliche Erscheinungen, sie sind nicht an den Raum gebunden. Gedanken bewegen sich deshalb schneller als alles andere. Du magst dich in Deutschland befinden und in Vietnam passiert etwas. Kein Gericht kann dich bestrafen, aber im Obersten Gerichtshof des Daseins wirst du bestraft, du bist bereits bestraft. Und deshalb bist du so unglücklich. Jeder einzelne Gedanke schafft eine Wirklichkeit, für dich und für andere. Die Menschheit bedankt den Fortschritt den Geistern, die der gesellschaftlichen Sklaverei entkommen konnten. Denn die Gesellschaft mag keine Originale haben, es braucht Kopien. Nein, gnädigster, dein Verstand gehört nicht dir. Er ist Jahrhunderte alt und wurde dir von deinen Vorfahren gegeben. Dein Verstand ist nicht im Rhythmus mit der heutigen Zeit. Deswegen kreuzigt die Gesellschaft die Wesen, die das Vergangene hinterfragt. Das Leben ist nicht dazu da in der Vergangenheit zu leben. Eure Augen sind alt, es braucht neue Augen.

„Warum hat die ganze Welt Angst vor mir? Ich bin kein Terrorist, ich mache keine Bomben und töte damit andere Menschen. Ich bin ein gewaltloser Mensch. In Deutschland ist es tatsächlich passiert. Man hat mir nicht erlaubt, Deutschland zu betreten, man hat sogar eine Resolution erlassen, dass ich ein gemeingefährlicher Mann bin und daran gehindert werden muss, Deutschland zu betreten und im gleichen Augenblick haben sie den gesamten terroristischen Gruppen Europas die Erlaubnis gegeben, in Deutschland eine internationale Konferenz abzuhalten."

Osho

Die Machthaber des Geldes, die Politiker, die Universitäten wollen nicht, dass Menschen ein selbstständiges Denken entwickeln. Das würde ihre Interessen gefährden. Die Machthaber wollen keine Menschen sondern Schafe, sie wollen eine Masse, der man sagen kann was sie zu tun haben soll. Die Angst vor den Außenseitern einer Gesellschaft ist groß. Die Gesellschaft hat Angst vor der Denkweise des freien Menschen. Du wirst ihnen nämlich nicht Gehorchen und dieses heuchlerische Spiel mitmachen. Und so ist es mit jeder Abweichung von der Norm in jeder Gesellschaft. Keine Gesellschaft will Andersartige, will Außenseiter, will Menschen wie Jesus von Nazareth oder Friedrich Nietzsche haben.

„Ich war einfach verblüfft. Alle Terroristengruppen, die Menschen umgebracht haben, Flugzeuge entführt, Botschaften bombardiert und Menschen gekidnappt haben, dürfen ihre internationale Konferenz abhalten. Ich darf nicht einmal als Tourist für vier Wochen das Land Deutschland betreten. Schaut man in die Psychologie dieses Phänomens hinein, dann ist es sehr simpel. Es kann geduldet werden, dass all diese Terroristen ihre Konferenz in Deutschland abhalten, sie denken genau wie die anderen, sie teilen die gleiche Weltanschauung, sie verfolgen alle die gleiche Politik. Sie sind ein Teil dieser korrupten Gesellschaft. Aber mir kann man keinen Zutritt gewähren. Sie sind gegen mich, weil sie sich einbilden, dass ich die Menschen korrumpieren würde."

Osho

Die Liebe zum Sehen ist unser Gebet. Doch der westliche, weiße Verstand möchte nur denken. Er mag nicht in Tiefen eintauchen wo die Liebe verweilt. Selbst die Philosophen dringen nicht zur Tiefe, es sind die Mystiker, die den Verstand bezwingen und in die Berge des Mysteriums reisen. Eure Gesellschaft gibt euch von Kindertagen aus Ehrgeiz und Wettbewerb mit. Sie gibt euch Gier mit, nach Geld und mehr Macht. Die westliche Denkungsart erschafft Ambitionen und Ehrgeiz und Begierden, die dann früher oder später zum Zusammenbruch führt und Kriege verursacht. Diese Art und Weise zu denken, kann keine Heilung bringen. Es ist die Denkart die, die Indianer umgebracht hat. Diese Denkart fließt nicht mit der Existenz. In dieser Denkart wird den Kindern ihre Freiheit genommen, sie dürfen nicht sie selbst Sein. Deswegen gibt es nicht viel Tanz, Gesang und Heiterkeit in Deutschland. Jeder ist im Kampf mit sich selbst. Jeder tötet die göttliche Poesie in seinem Inneren. Niemand mag

Blumen aufblühen lassen in sich. Sie tauschen sie gegen Plastikblumen und so wird ihr Leben künstlich. In der Persönlichkeit der Götzendiener stecken ihre Ahnen, ihre Eltern, ihre Pfarrer und Imame. Sie sind tot. Ein echter Rebell ist im Kampf gegen seine eigene Persönlichkeit. Er möchte die jahrelange Versklavung beenden, die im gegeben wurde von seinen Ahnen. Es wäre nicht zeitgemäß.

„Die Natur ist eine Harmonie, ein rhythmischer Zusammenklang."

Osho

Die Psychologen im Westen sind das neue Priestertum. Sie lehren Psychopathologie. Das alte Priestertum hat nur die Kostüme gewechselt. Diese böse Gesellschaft die von Wettbewerb regiert wird ist nicht vom Himmel gefallen. Ihr habt sie errichtet. Der Bettler auf der Straße ist nicht vom Himmel gefallen. Wir haben ihn gemacht. Wenn du reich werden willst, dann muss irgendein anderer dafür zum Bettler werden. Und wenn ihr dann den Bettler seht, tut er euch leid. Wem möchtet ihr eigentlich etwas vormachen? Und trotzdem wollt ihr alle Reich werden. Wenn du Reich werden willst, wird irgendeiner zum Bettler. Es ist eine Welt voller Konkurrenzkampf. Ihr wollt keine Kriege, aber ihr seid gewaltsam, in allem gewalttätig.

„Keiner von den Begründern der Psychotherapie war erleuchtet. Und die erleuchteten Menschen des Ostens haben sich nie mit Dingen wie Psychotherapie abgegeben. Sie haben sich noch nicht einmal mit Psychologie oder mit dem Verstand an sich abgegeben, denn es ging ihnen nicht darum, die Probleme des Verstandes zu lösen."

Osho

Die Psychotherapien stehen heute im Dienst des Establishments. Man möchte die Menschen nicht heilen, sie sollen nicht zur Liebe finden. Wenn man die Herde verlässt wird man gefährlich und der Psychotherapeut soll dies verhindern. Er muss zur Normalität zurückgeführt werden. Sigmund Freud, Jung oder Adler. Sie haben keine Ahnung. Sie sind nicht einmal im Traum darauf gekommen, dass es Menschen gibt, die anders sind als jene, die im Westen leben. Wie soll nun ihre Psychotherapie den Menschen verhelfen Genesung zu finden? Weil die alten Priester und Imame versagt haben, werden jetzt neue Priester gebraucht. In einem medizinischen Buch kann man keine Poesie finden. Das Christentum ist der größte Geschäftskonzern der Welt und die Psychotherapeuten gehören zu ihrer Familie. Sie reden nur mit einem neuen Jargon um die Jugend zu erreichen. Man hat sie gekauft, sie sind die neue Priesterschaft. Doch wir Liebenden möchten keine Priester und Imame, wir wollen keine verfälschten Religionen und wir wollen keine Nationen. Die Welt soll eins sein. Doch der Politiker weiß, dass er in Probleme geraten wird wenn es den Klerus nicht mehr gibt, die Religiöse Kaste. Somit ersetzt er den Priester mit dem Psychotherapeuten und niemand merkt es.

„Wenn ihr Gott für den Schöpfer haltet, und wenn Gott den Sex als Sünde betrachtet, dann gibt es keinen größeren Sünder auf dieser Welt als Gott, keinen größeren Sünder in diesem Universum als Gott."

Osho

Gestern hörte ich einen Klavierspieler spielen. Er sang eine schöne Melodie. Nein, er sang nicht. Er hatte die Absicht mich in Schönheit umzubringen, in, Zartheit und Sanftheit. Ich danke ihm. Welch ein schöner Tod. Die Tage sind zu Qualvoll für diesen jungen Mann hier unten auf Erden muss er sich gedacht haben. So brachte er mich mit einer schönen Melodie um. Danke lieber Klavierspieler. Freude und Traurigkeit zugleich entsprangen aus seinem Klavier. Der Buddha sang. Ja, die Liebenden sterben in Einsamkeit. Und die guten Frauen sterben indem sie den bösen Männern hinterher trauern.

„Aber sind sie sich denn nicht darüber im Klaren, dass der Tanz ein offenkundiger Ausdruck der Leidenschaft ist, dass er in erster Linie eine geschlechtliche Handlung ist? Der Pfau tanzt, um seine Geliebte zu verführen."

Osho

Draußen laufe ich Umher. In der vergangenen Zeit haben wir Menschen uns gegenseitig Umgebracht, und wir haben es noch nicht einmal gemerkt. Wie traurig. Es ist nichts mehr da was uns glücklich machen könnte. Wir haben alles zu Tode konsumiert. Vorurteile haben uns getötet. Kein Vertrauen mehr in Niemanden. Wo führt das hin? Selbst die Mutter Erde schämt sich für uns. Wenn sie könnte, würde sie uns Menschen von dieser Welt vertreiben. Wir sind eine schwere Last.

„Ich musste aus dem Nichts anfangen, aber ich bin in eine völlig andere Richtung gegangen, und jetzt kann ich sehen, dass Sigmund Freuds ganze Arbeit nur Traumanalyse ist und mit der Wirklichkeit nichts zu tun hat."

Wilhelm Reich

Der Wechsel vom Mutterleib in die kalte, seltsame Welt ist ein großer Schock, und dieser Schock bleibt ein ganzes Leben lang tief im Unterbewusstsein. Wie selig sind jene, die nicht mehr zurück hier auf Erden müssen, nach ihrem Tode. Wer an materiellen Dingen hier auf Erden festhält, der wird immer wieder zurückkommen müssen, bis er dieses Spiel versteht, welches man Leben nennt. Wenn sich zwei Liebende nähern, dann entsteht in diesem Augenblick eine magnetische, magische Kraft. Sie ist Da, wenn wirkliche Liebe da ist. Doch wenn man an Materie und Vergänglichem festhält und es förmlich Anbetet, dann werden dieses Leben und seine Qualen noch mehrmals einem zum Verhängnis werden.

„Es ist traurig, dass Wilhelm Reich so früh starb und ich behaupte, dass man ihn gezwungen hat zu sterben. Wenn man einen Menschen derartig boykottiert, dass er zu einer Insel im großen Meer der Menschheit wird, abgesondert, isoliert, ohne jeden Umgang, von allen für verrückt gehalten, dann ist es ganz natürlich, dass sein Lebenswille erlöscht. Er ging ein und starb.

Osho

Alle wirklichen Wunder des Lebens geschehen durch Liebe. Euer Intellekt kann keine Wunder vollbringen. Er ist geborgt, der Tod wird ihn zerstören. Die Intellektuellen, ich nenne sie die Verräter der Menschheit. Sie haben ihr Wissen verkauft an das Establishment und ihre Universitäten. Sie haben keine Ahnung von ihrem eigenen Sein, sie haben keine Ahnung von den Mysterien der Existenz, alles was sie können ist ein gewisses Spiel mit dem Verstand. Sie wissen nicht wie man zur Liebe wird und auf den Gipfel der Seligkeit aufsteigt. Der *große Mittag* ist ihnen Fern. Kein Licht in ihren Tagen. Sie haben keine lebensbejahenden Werte geschaffen, sie dienten nur dem Profit Willen. Sie nutzten ihren Intellekt um sich Ruhm und Status zu erwerben. Doch sie sahen nicht die hungernden Kinder auf der anderen Seite der Welt. Sie wissen nichts von der Psychologie der Buddhas. Sie hören nicht die Liebesgesänge der Vögel. Sie interpretieren nur die Welt mit ihren Gedanken, an warmen, gut Gedeckten Tischen. Sie sind wie Dreck. Die göttliche Musik der Liebe zieht an ihnen vorbei, sie mag nicht an ihren Tischen sitzen und die höchste Symphonie spielen, da sie von der Heuchelei der Intellektuellen wissen, sie können es spüren. Die Intellektuellen möchten der höchsten Kaste in der Gesellschaft angehören. Dort verweilen die Götter Mammon und Ruhm. Sie ekeln sich vor den niederen Klassen. Sie sind einfach keine Menschen. Ihre Seelen nicht, noch nicht zuhause angekommen. In ihren Auren kann ich keine Unschuld sehen. Sie haben keine freudigen Augen. Ja, sie sind womöglich Reich geworden durch ihren Intellekt, doch haben sie die Liebe zur Weisheit verraten. Wir sind Arm, und doch haben wir die höchsten Gipfel der Seligkeit gesehen. Wie haben die Umarmungen der Mutter Natur erlebt. Wir haben die tiefsten Tiefen der Stille gehört. Wir haben die allerschönsten Blumen gezüchtet und haben vom Wein des Mitgefühls gekostet.

„Aber der Westen hat das Sein nicht anerkannt. Folglich stochern Sigmund Freud, Carl Gustav Jung, Alfred Adler und ihre Nachkommenschaft in den trüben Wassern des Verstandes und machen das Wasser alle nur noch trüber. Sie haben ja selbst nie erfahren, dass es in ihrem innersten Kern etwas gibt, das nicht wahnsinnig werden kann, dass das eigentliche geistige Gesunde ist. Die Existenz spricht durch es. Es ist die Stimme des Lebens selbst.“

Osho

Die Liebe ist eine direkte Route zum Sein. Der Verstand kann diese Wege nicht begehen, ohne dabei sich zu verlaufen in dunklen Gassen. Wer fordert lebt in den dunklen Straßen des Verstandes, nur der Gebende ist ein wahrer Samurai der Liebe. Wird der Mensch nun endlich nach vielen Jahrhunderten ein Diener der Liebe oder wird es für immer vorbei sein mit ihm? Warum geben die Menschen nicht alles was sie sind? Doch wenn sie schenken tun sie als wäre es eine Pflicht, eine Tugend und dabei bringt ihr Messer die Liebe um, und sie bemerken es noch nicht einmal. Liebe erwartet niemals einen Dank. Liebe erwartet kein Dankeschön, keine Anerkennung. Doch die Menschen werden zum Diener eines verehrten Menschen und denken dies Sei Liebe. Doch nichts ist so Missverstanden worden seit Menschen hier auf Erden weilen wie die Liebe. Der Geliebte sollte nur eine winzige Ausdrucksform des Ganzen sein. Liebe wird den Rebellen in dir wecken. Du wirst dein eigenes Wesen finden und somit wirst du kein Sklave mehr der Machtgierigen Eliten werden. Alle Priester, Imame und Politiker sind Parasiten. Sie wollen nicht, dass du zum Tempel der Liebe gelangst. Umso mehr Liebende es auf dieser Welt gibt, umso weniger wird es Ausbeutung geben.

„Erst wenn sich die Menschheit von diesem verwerflichen Tun seitens religiöser Führer und guter Menschen befreit, kann Liebe entstehen.

Osho

Ja, der Mensch kann zu einem Gott werden, er trägt den Samen in sich. Doch solange er dies nicht schafft, wird es keinen Frieden im kollektiven Sinn geben. Innerliche Menschen widmen sich der Destruktivität. Sie streben nach Macht, Status und Geld. Ein glücklicher Mensch würde diesen Dingen nicht folgen, da er sich der Liebe mit dem Universum widmen würde. Er würde an den Blumen der Poesie riechen, den ganzen Tag und bei Nacht. Wenn man voller Freude ist, möchte man Erschaffen. Ein schönes Gedicht, etwas für die Kinder. Man möchte seiner Freude Ausdruck verleihen. Ein Liebender gehört sich selbst, er weiß um den Schöpfer in ihm selbst. Er kann keiner Organisation oder Religion beitreten. Selbstsüchtig sind die Wunder der Liebe. Stets am Geben seines eigenen Lebens sind die schönen Wesen hier unter diesem bezaubernden Himmel. Gesetze in der Gesellschaft sind für Blinde, nicht für jene, die Augen haben. Gesetze sind für Menschen die nur noch die Sprache des Verstandes beherrschen. In jedem Moment singt das Leben die schönsten Liebesromane. Es mag sein, dass die Bücher und Melodien wechseln, doch die Liebe bleibt. Die ganze Existenz ist uns Menschen sehr freundlich gesinnt, wir können von ihr die Liebe erlernen, die wahre Liebe. Wenn ich durch die Straßen der Städte laufe, sehe ich keine Augen voller Staunen und Wunder wie Kinder die am Meeresstrand spielen und begeistern sind von den Muscheln und Steinen. Was ihr jedoch für Liebe in eurer Welt haltet, ist keine Liebe. Dies ist nur biologische Vernarrtheit.

„Wenn so viele Menschen lieben, sollte die Welt doch wohl von Liebe überflutet sein. Aber stattdessen stoßen wir überall auf eine Atmosphäre des Hasses, der Wut und des Krieges. Kein Fünkchen Liebe ist irgendwo zu finden."

Mystiker Ramanuja

Die Blumen blühen, aber man nimmt ihre Schönheit heute nicht mehr wahr. Die Plastikblumen sind nun in Mode. Die Sterne winken immer noch, aber es gibt sehr wenige Menschen die zum Himmel blicken. Die großen Gebäude in den Städten verhindern, dass wir gen Himmel schauen dürfen. Man umgeht einfach die Liebe und denkt somit, dass man das Leben selbst betrügen kann, doch dies ist nicht wahr. Auf diese Weise wird die wahre Schönheit der Existenz sich nicht offenbaren. Menschen die zur Liebe finden werden elegant und anmutig. In der von Härte dominierten Welt sieht man nur harte Wesen ohne Zärtlichkeit in den Augen. Liebe löst das künstliche Selbst auf, und man gelangt vom See zum Meer. In der Liebe gibt es kein Vergleichen, keine Konkurrenz. Die Gesellschaft, welche wir bewohnen ist auf den Säulen des Wettbewerbs errichtet worden, deswegen ist sie voller Gewalt, da Wettbewerb und Konkurrenzdenken gegen das Leben ist und somit Gewalt verbreitet.

„Ich werde einfach weiter ich selbst sein. Ich werde nicht auf die Priester und Prediger hören, weil ich darauf vertraue, dass Gottes Liebe groß genug ist. Ich kann gar keine Sünde begehen, die größer wäre als seine Liebe. Wozu sollen wir uns also Sorgen machen? Unsere Macht ist klein, unsere Sünden sind klein. Unsere Reichweite ist so gering, wie sollten wir Sünden begehen können, die Gottes Liebe nicht zu vergeben vermag? Wenn Gott Liebe ist, kann er unmöglich beim Jüngsten Gericht nur die Heiligen heraussuchen und die übrigen Millionen und Abermillionen für alle Ewigkeit in die Hölle werfen."

Omar Khayyam

Liebende bleiben rein, man kann in ihren Augen den liebenden Herrn sehen. Menschen, die nicht lieben können, nicht rein bleiben. Sie korrumpieren ihr Inneres für gewisse Status Götzen. Liebe ist der wahre Gott, doch nicht der Gott der Theologen, sondern der Gott eines Buddha, eines Jesus von Nazareth. Liebe ist keine Quantität, sie ist eine Qualität. Wenn Liebe da ist, sind wir nicht mehr da. Liebe ist keine Beziehung, sie ist ein endloses Fließen. Die ganze Welt ist voller Trauer, und daran Schuld ist die Ehe. Sie versklavt die Liebe in eine Beziehung. Das göttliche Fließen bleibt aus. Der Mensch ist so gemacht, dass er nicht ohne Lügen leben kann. Mit der Wahrheit kann er nicht leben, die Wahrheit ist schwer zu ertragen. Wahre Poeten haben ihr ganzes Leben in Poesie verwandelt, wie sie gehen, wie sie sitzen, alles ist in einer Liebesbeziehung. Fein und Zart sind ihre Schwingungen, sie teilen Energien voller Blumen aus. Die Liebe ist immer im gegenwärtigen Moment, für die Liebe kommt das Morgen nie. Die Geliebte hält sich im Ganzen versteckt. In den Bäumen, in den Bergen, in den Flüssen, bei den Tieren.

„Wir leben nur, um Schönheit zu entdecken, alles andere ist eine Form des Wartens."

Khalil Gibran

In meinem Hals bildet sich ein Knoten, der Atem stockt, die Stimme ganz zittrig. Knie werden weich. Das Reden fällt mir schwer. Stotternde Worte kommen aus meinem Munde. Das Herz möchte reden. Wieso nur diese Depressionen in mir? Wieso diese Unruhen und Vulkanausbrüche in mir? Schreien möchte ich vor Wut, doch bloß wohin damit? Wieso hungern so viele Kinder, während andere im Überfluss leben? Wieso ist der weiße Mensch so blind? Er regiert seit Jahrhunderten die Welt und möchte, dass man ihm und seiner Kindesfeindlichen Kultur gehorsam ist. Nein, das Herz negiert diesen Wunsch. Zu viele Tränen der Kinder kleben an ihren Geldnoten. Ihre Villen und Autos sind aus dem Blut der hungernden Kinder produziert worden. Das Herz möchte nicht mit diesen Henkern der Kinder sein. Sie aber lachen und tun so als wäre alles gut. Nichts ist gut, schreibt mein Stift und schreibt. Es schreibt seinen Hass auf die weißen, habgierigen Kreaturen, die nichts im Sinn haben außer immer mehr zu besitzen und Kinder weinen zu lassen. Nein, bis zum meinem Todestag, bis zu meiner Kreuzigung werde ich niemals Frieden schließen können mit diesen Moralaposteln und Heuchlern. Zu sehr ist mein Herz voller Liebe für die notleidenden Kinder und Tiere.

„Niemand liebt hier irgendjemanden."

Osho

Letzte Nacht wurde die Schönheit umgebracht. Frage nach auf dem Marktplatz, ob jemand etwas wisse davon? Keiner mag etwas gesehen haben, berichten sie. Nein, dies muss doch eine Lüge sein. Ich kann es in ihren Augen sehen, die mir nicht tief in die Augen sehen können, sie wissen von mir und der prophetischen Botschaft, sie wissen, dass ich der Fremde bin, der ihnen das Licht bringt, welches sie aber nicht haben möchten. Ich weiß es ganz genau. Die Masse auf dem Marktplatz hat die Schönheit umgebracht. Sie taten es in der Stille der Nacht, sie wollten, dass es niemand mitbekommt damit ihr falsches Ansehen nicht beschädigt wird. Die Schönheit ist nun in ferne Höhen geflogen, auf dem Marktplatz ist kein Platz für seine schönen Gesänge. Die schönen Menschen die zur Liebe aufgestiegen sind haben den Marktplatz verlassen und sind von dannen gezogen. In das Land der Blumen und unschuldigen Kinder. Dort wohnen sie in Weiblichkeit und Zärtlichkeit und es ist kein Platz dort für Zank und Streit. Der Marktplatz ist dem Untergang geweiht.

„Der andere ist die Hölle."

Jean Paul Sartre

Bin hier in diesem Lande aufgewachsen. Trüb die Erfahrungen, müde das Herz von den Verletzungen der Spalter. Wie kann man nur Menschen trennen und in Kasten stecken? Der Feind ist die Unwissenheit, deren Vertreter die oberste Kaste und ihre Beamten. Geliebt werden die Armen und Ausgestoßenen. Nieder mit den Krawattenträgern. Die Uniform der Gewalt im 21. Jahrhundert. Ja, das Werk eines schaffenden Künstlers wird niemals beendet, deren schönen Werke gedeihen in der untersten Kaste. Die Reichen haben noch nie etwas Schönes der Welt hinterlassen können, keine Kunst, keine Poesie. Dies ist ein Naturgesetz. Die Kinder des Regenbogenlandes werden unsere Werke weiter schreiben, malen und singen.

„Liebe ist die Erfahrung des Einsseins."

Osho

Ich schreibe über Schönheit und deren Wunder. Doch, niemand verlegt meine Bücher, weil sie Angst vor der Schönheit haben. Du kannst den Menschen nichts von wahrer Schönheit erzählen, wenn sie noch nie wahre Schönheit gesehen haben. Was sie kennen ist nur die Illusion ihres Egos, welches sie als Schönheit deuten, was aber in Wirklichkeit nichts mit dem Antlitz der Göttlichkeit zu tun hat. Ja, die Menschen reden innerhalb dem Radius ihrer Konditionierung. Sie verlassen nicht die Grenzen dieses alten Kreises, wo sie hineingeboren wurden und eingeschlossen sind. Doch wenn sie reden, dann tun sie dies in großen Tönen als wären sie frei und wissend. Doch solange gefangen der Geist und Körper in ihrem Herdendenken, so keine Freiheit und Schönheit. Die Menschen reden laut, wissen sie denn nicht, dass wer viel redet nichts weiß, und Wissende nicht reden? Die Masse redet's laut. Ihre Großstädte sind voller lebende Leichen, tote Herzen, Teufel in Personen. Wozu noch auf die Hölle im Jenseits warten? Seelen ohne Liebe wandeln umher in ihren Städten.

„Komm. Komm. Ich warte auf dich. Die Liebe wartet immer darauf, dass der oder die Geliebte kommt. Die Liebe ist ein Erwarten.“

Der glückliche Baum

Ich höre den Menschen beim Reden zu. Sie benutzen so oft die Wörter Mein, Ich, Haben und Mehr. Sie wissen nicht, dass diese Art von Sprachgebrauch eine religiöse Haltung darstellt. Überall, wo Besitz ist, dort ist Spaltung mit der Einheit des Lebens. Überall wo man diese Wörter gebraucht, wird Gewalt angewendet. Denn man isoliert sich von den anderen Wesen. Währende einige mehr besitzen, werden andere zum Bettler und haben nichts zu essen.

„Hör mal. Ich warte auf dich, aber du kommst nicht. Ich warte jeden Tag auf dich."

Der glückliche Baum

Gestern Nacht beging ich eine schreckliche Tat. Ich wurde zum Mörder. In der Dunkelheit der Nacht trat ich auf eine Schnecke und sie starb nach ein paar Sekunden. Fürchterliche Schmerzen hatte ich danach. Ich habe ein Leben genommen. Schlaflose Nächte begleiteten dieses Ereignis. Ich kann mir nicht verzeihen. Eines Tages werde ich an der Pforte zum Himmel stehen und mein Haupt bücken und mich schämen. Zum Mörder wurde ich unten auf Erden. Arme Schnecke, wie gerne hätte ich ihr mein Leben gewidmet. Dies wird mich nicht mehr in Ruhe lassen, bis ich sterbe. Doch dann blicke ich auf die Menschen, sie schlafen in Ruhe und so tief. Doch was ist mit ihnen? Sie haben riesengroße Schlachthöfe errichtet wo sie Millionen von Tieren töten.

„Die Liebe ist immer bereit sich zu verbeugen, das Ego ist nie bereit sich zu verbeugen.“

Osho

Ich spreche sie hören, sie sagen uns, wie wir zu leben haben sollen. Die modernen Zeitgenossen, die in Wirklichkeit Bewohner des Mittelalter sind, wollen uns sagen, wie man Reich wird, wie man lebt, isst, trinkt und liebt? Dies sind Dummköpfe. Es geht im Leben nicht um das Wie. Beschränkt man das Leben auf irgendwelchen Techniken, so ist man sowieso Verloren. Wenn man das Leben auf Techniken beschränkt, entwischt jegliche Lebensfreude. Das Leben ist jeden Moment neu, es kennt keine Techniken. Der Morgen war schön, der Abend ist schrecklich. So geht das Leben ständig, man weiß nie was man bekommt. Die einzige Sünde ist es sich mit äußeren Identifikationen zu infizieren. Liebe kommt aus dem Unbewussten, aus fernen, fremden Ländern besucht sie uns. Sie ist die unbekannte Schöne. Doch eure Welten haben sich auf den Säulen des Rationalen aufgebaut. Dort sieht man nur wissenschaftlich blickende Menschen. Doch wenn man wirklich Emotional ist, wird man zu einem poetischen Dichter, zu einem Kunstmenschen. Dialoge zwischen diesen beiden Typen können nicht stattfinden, da man aus zu verschiedenen Welten kommt. Die sogenannten Heiligen, Moralaposteln und Wohltäter. Sie sind ständig in Krieg in ihrem selbst. Sie sind rationelle Menschen, die das Herz und die Seele vergewaltigt haben. Eure Gesellschaft lehrt euch Kontrolle und keine Möglichkeit zur Liebe zu finden, deswegen werden so viele Menschen krank. Ihre Krankheit ist nur ein Zeichen, dass es an Liebe in ihrem Leben fehlt. Die Gesellschaft und ihre Bewohner wollen dich unter Kontrolle halten und dich verurteilen. Sie möchten, dass du kein schöner Mensch wirst.

„Die Liebe ist glücklich, wenn sie in der Lage ist, etwas zu geben. Das Ego ist glücklich, wenn es in der Lage ist, etwas zu nehmen."

Osho

Alle Kriege und Konflikte fangen damit an, dass man in seiner Seele Habgier hat. Man möchte etwas besitzen oder verteidigen, und wenn man es nicht bekommt, dann fängt der Streit an. Seht euch eure Beziehungen an. Es ist ein ständiger Kampf ums Besitzen und Dominieren. Bei euch geht es nicht um absolute Freiheit. Menschen in eurer Welt sind voller Wut und Hass, doch sie möchten es nicht zeigen. Sie unterdrücken ihre Emotionen und Gefühle, doch kann ich sie durchschauen. Die Dinge bewegen sich stets im Kreis. Wann wird es endlich ein Enden nehmen? Wollt ihr eigentlich, dass sich die Dinge zum Schönen wenden? Ich befürchte nicht. Echte Wut ist etwas Schönes, weil sie von totaler Energie ist. Als Jesus von Nazareth in den großen Tempel kam und die Geldwechsler Geschäfte machten an ihren Tischen, geriet er in Rage. Er wurde wütend, es war die Wut, die aus Mitgefühl und Liebe entsteht. Er warf sämtliche Geldwechsler aus dem Tempel und stieß ihre Tische um. Er war sehr wütend, sie hatten Gottes Haus zu einer Markthalle verwandelt. Jesus muss an diesem Tag die Wut selbst gewesen sein. Heute bin ich es der eure Tische umschmeißt mit meinen Büchern. Ihr habt das Wunder des Lebens verpestet. Der höchste Sinn eures Lebens ist das Geld, ihr seid wie besessen davon. Mein Stift hat eure Welt durcheinander gebracht, habe die Werte eurer Welt umgewälzt. Meine Verachtung galt eurer Welt, wo die kindliche Unschuld und die weiblichen Schönheiten nicht vorkamen. Die Geschichte sei mein Zeuge.

„Man wird ein König, wenn die Blumen der Liebe da sind, aber man wird arm und elend, wenn die Dornen des Ego vorhanden sind."

Osho

Nur wer traurig ist, hat Tiefe. Sie ist schön, wie nichts anderes auf dieser Welt. Lachen ist flach, es hat keine Tiefe, es verweilt nur an der Oberfläche der Dinge. Traurigkeit geht durch Mark und Bein. Nichts ist auf Welten so tief wie die Traurigkeit, sie ist weibliche Natur. Geküsst sind ihre Brüste voller Tränen. Sie bringt einen zum Tempel der Liebe. Die tiefen Wunder des Lebens offenbaren sich nur in der Traurigkeit. Für uns Liebende ist die Nacht unsere große Liebe. Ihr jedoch kennt nur den Tag und die Tätigkeit des Marktplatzes. Ihr habt schöne Häuser und habt den Armen das Geld beraubt, deswegen seid ihr jetzt Wohlhabend, doch ihr seid Bettler in höheren Welten. Ihr seid Bettler in euren eigenen Häusern, ihr seid Esel.

„Die Liebe kennt nur eine Traurigkeit, wenn sie nicht teilen kann."

Osho

Sie zeigen mit dem Finger auf mich, da sie nicht sie selbst sein können, so haben sie mir den Stempel des bösen Menschen gegeben. Doch warum ihre Wut? Sie sind nicht wütend auf mich, nein. Sie haben Angst vor sich selbst. Sie verbergen mit ihrem Hass auf mich ihre Angst. Sie können alle möglichen Strategien benutzen, doch eines wird sich nie ändern. Die Mehrheit, die Gesellschaft hat zu allen Zeiten der Menschheit die schönen Wesen Gottes gehasst, die Propheten, Dichter und Mystiker. Doch ich danke dem Herrn für seine Gaben. Bald werdet ihr mich kreuzigen, doch was wird aus euch? Wird es dann friedlich hier auf Erden sein? Werdet ihr zur Liebe finden? Nein, einer der vielen Blumen der Schönheit wird euch ganz fern sein, in anderen Welten und zusehen wie eure Zivilisation durch die Mechanik und Technik untergehen wird. Dies ist euer eigenes Werk. Zu habgierig waren die Seelen, zu finster die Häuser eures Herzens.

„Am glücklichsten ist die Liebe, wenn sie voll und ganz geben kann."

Osho

Die Kultur des weißen Mannes ist aufgebaut auf Vergleichen und Konkurrenz. Die schlimmste Tat die man Kindern antun kann. Dies bedeutet Hass auf der Welt zu verbreiten. Diese Kultur jeden Tag zu sehen und in ihr zu leben schmerzt sehr. Es schmerzt und Tränen benetzen meine Wangen jeden Tag. Die Menschen in euren Welten sind besessen von Neid und Eifersucht. Dort wo diese Attribute das Leben anführen, kann es keine Liebe geben, denn in der Liebe gibt es keine Eifersucht. Die Menschen meinen, sie wüssten, was Liebe ist, sie wissen es nicht. Sobald man ein Lebewesen besitzt hat man es getötet. Aus dem Heute wird das Morgen geboren. All die hässlichen Konflikte der Menschen sind nur, weil ihr Gestern und der gegenwärtige Moment nicht in Liebe passiert, so wird ihr Morgen zu einer Hölle. Eifersucht und Besitzen wollen sind Symptome fehlender Liebe. Da eure Gesellschaft auf diesen Säulen besteht, könnt ihr selbst sehen was ihr Auslebt. Wenn euer Tag auf dem Marktplatz in den Städten ein Liebesfest wäre, würde alles Störende verschwinden, doch es verschwindet nicht. Es läuft von Grund auf viel verkehrt bei euch, da unten.

„Die Liebe birgt ihren Lohn in sich selbst."

Osho

Eure erschaffenen Götter sind genauso wie ihr. Erschaffen wurden sie von euch. Ich kannte da einen Bettler, er war Wunderschön. Sein Körper, seine Augen, sein Gesicht, alles an ihm war voller Wunder und erhabener Güte. Doch ihr wart eifersüchtig auf Ihn. Dieser Bettler hat eure Welt auf den Kopf gestellt. Er besiegte eure Könige und Reichen, die ihr angebetet habt. Weil ihr Angst vor dem Leben habt, seid ihr Gehorsam gewesen den Mächtigen, ihr kanntet die Schönheit nicht in euch. Der Priester, Rabbiner und Imam haben keine Ahnung von Gott und seiner Schönheit, und doch seid ihr diesen Wesen Gehorsam, und den Menschen die das Leben voranbringen, jene bringt ihr um.

*„Wirst du nur kommen, wenn ich dir etwas gebe? Ich kann dir
alles geben, was ich habe."*

Der glückliche Baum

Wieso kreuzigen die Menschen die Liebe? Ob Mann oder Frau, sie
haben Angst vor der kosmischen Einheit, vor dem ozeanischen
Orgasmus. Es ist die Liebe und deren Tiefen vor der man Angst hat.
Sie haben Angst, weil die Liebe ein Tod ist, das Alte stirbt und das
Neue wird geboren. Und aus Angst vor der Liebe sucht man sich
Ersatzbeschäftigungen. Eine Ehe, ein dickes Bankkonto, eine Nation,
eine Religion oder eine politische Partei oder einen Fußballverein.
Doch was natürlich ist, ist überlegen, Das Unnatürliche, welches nicht
synchron mit dem Leben läuft, ist falsch. Deswegen sieht so viele
Tote, wandelnde Leichname. Sie sind nur scheinbar lebendig, denn
sie sind gleichgültig dem Leben und seinen Wundern.

„Das Ego hält zurück, die Liebe gibt bedingungslos.“

Osho

Liebe ist wie der Duft eine Rose. Ihr schöner Geruch ist an alle Wesen die sie umgeben gerichtet. Diese Art von Liebe ist unzerstörbar. Warum lernen die Menschen nicht davon? In eurer Liebe sieht man nur die Erfahrungen von Hass, Eifersucht, Neid und Besitz. Sie ist nicht echter Natur. Nationale und religiöse Ideologien bestimmen euer Leben. Dies verwüstet die Schönheit der Rosen. Eure gespielte Toleranz, Verhandlungen und heuchlerischen Beteuerungen sind nur ein Teil des Elends. In Dogmen, Prinzipien und Formeln kann die Liebe nicht aufblühen, sie ist ein Kind der Freiheit. Ihr widmet euch nicht der seligen Stille der Nacht, nein sogar eure Nächte sind hektisch mit Vergnügen wie auf dem Marktplatz. Es enthält keine Lebendigkeit. Es scheint als wäre die Menschheit verdammt. Nur eine kleine Minderheit, die sich selbst wahrhaft gewandelt hat, findet zum Tempel der Liebe und darf sich Mensch nennen. Des normalen Menschen Nächte sind mörderisch. Ihre Eitelkeit bringt meinem Magen Unruhe. Diese Menschen, die sich im Äußeren als gute Menschen sehen, sind in Wahrheit die Missetäter der Menschheit. Sie behaupten viel zu wissen und für alles eine Antwort zu haben, doch sie sind Heuchler. Sie wissen nichts von Schönheit und Güte, und die großen Geheimnisse des Lebens sind ihnen fremd. Sie erfreuen sich an Gewalttätigkeit, sie brauchen diese Gefühle. Sie streben nach Macht, ob in kleinem oder großen Rahmen. Politische Macht ist genauso verwerflich wie religiöse Macht.

„An dem Tag, an dem wir uns auf das Geld einlassen, werden wir unglücklich und elend wie die Menschen die in den Gotteshäusern sitzen."

Osho

Die alten Menschen und mit alt meine ich, die alten Köpfe die mit Müll geladen sind, wollen keine Veränderung auf der Welt. Sie möchten, dass alles beim Alten bleibt. Was es braucht ist ein Nein zum gegenwärtigen Zustand der Menschen. Doch die Masse bleibt beim Ja. Konservativ sind ihre Herzen und Seelen. Sie verteidigen das Alte mit all ihrer Macht und töten die Blumen der Liebe. Werden die Menschen beherrscht von der Liebe? Nein, somit ist die Welt eine Hölle. Die Gesellschaft, welche wir bewohnen hat ihre Wertmaßstäbe so tief in uns eingepflanzt, sodass es nicht einfach ist sich von diesen Fesseln heut noch zu befreien. Die intellektuellen Sklaven, die nur ihren kalten Verstand benutzen, übten dieses Attentat an uns aus. Ohne Freiheit verkümmert der Mensch, und so ist's mit der Masse heutzutage. Die Technologie, das Konsumieren hat alles Leben aus ihm genommen. Ich bezweifle, dass sie sich überhaupt Freiheit wünschen. Es ist eine schwere Last den Wegen der Freiheit zu folgen. Ihr Intellekt funktioniert nur im Bereich des Bekannten. In unbekannte Sphären zu gelangen ist's der Masse fern und fremd. Zur Liebe aufzusteigen bedeutet das Ganze zu sehen. So gibt es nur eine Freiheit, und es ist die sich zu trennen vom Bekannten.

„Das Ego hält Liebe für Unsinn, für ein kindisches Hirngespinst."

Osho

Die hoch Gebildeten haben diese Erde zerstört. Es war ihr weißer Intellekt. Sie sitzen in hohen Ämtern und möchten nichts ändern. Sie unterstützen die etablierte Ordnung mit ihren Grausamkeiten. Sie haben die Bildung der Existenz verleugnet. Die Wirklichkeit ist etwas Lebendiges und kann nicht eingefangen werden. Doch des weißen Menschen's Intellekt mag alles besitzen und verschlingen. Religion ist das Leben selbst, doch ihre Religion ist der künstliche Intellekt. Der Mensch als Ganzes Wesen kommt in ihrer Vorstellung nicht vor. Es ist die Trennung der Religion und das Leben, welches das Chaos brachte. Alles zu verneinen ist das Schöne. Der Kopf ist danach klar und leer. Die Romantische Poesie kommt erst dann zum Vorschein.

„Je größer das Haus, desto kleiner wird der Mensch."

Osho

Das Dasein der Menschen in der gegenwärtigen Welt ist gerichtet nach einem mechanischen Prinzip. Selbst die Seeler wird aus den Augen des Intellekts betrachtet. Der Mensch als Maschine heißt es nun. Die Welt ist doch ein großer Kosmos und wird durch einen Sinn zusammengehalten. Sehen diese Intellektuellen dies nicht oder hat ihnen das Geld die Sicht der Dinge versperrt? Die Allmacht der kalten Vernunft des weißen Mannes, dem ist nicht zu trauen. Das Wesen der menschlichen Existenz ist das Geheimnisvolle, doch kommt in euren Kulturen nicht vor. Die Welt muss Romantisiert werden, sonst wird die Welt noch kälter und die Bewohner werden seelisch verarmen.

„Das Geheimnis Europas ist, dass es das Leben nicht mehr liebt."

Albert Camus

Schöner Junge Hakeem, du fliegst in den Höhen wo die Menschen nicht hinkommen. Selbst ihre Flugzeuge schaffen es nicht dorthin. Obwohl du in den Höhen gewohnt hast, kamst du jetzt hinunter um den Zustand der Menschheit zu sehen. Du lebst als Bettler auf den Straßen, die Menschen laufen an dir vorbei und bemerken dich noch nicht einmal. Doch, ich sah dich und wusste es genau, als ich in deine Augen sah. Du lebst mit sechs Hunden auf der Straße und verbringst deine Tage mit deinen liebsten Hunden. Du siehst das Schöne bei den Tieren, den Menschen in den Großstädten kann man nicht trauen. Du hast das Leben gesehen und verstanden. Ja, bei den Menschen ist es dunkel und deine wunderschönen Augen bringen das Licht der Freiheit, doch die Menschen sehen es nicht. Ich sehe deinen Kummer in deinen traurigen aber doch glücklichen Augen. Der Mensch ist so taub, blind und ignorant, dass es für ihn praktisch unmöglich ist, Menschen zu verstehen, die von höheren Hügeln herab reden. Der Wunsch mit anderen zu teilen ist ungeheuer. Doch keiner mag deine Gaben haben, nicht mal als Almosen.

„Und wer ein Schöpfer sein will im Guten und Bösen, der muss ein Vernichter erst sein und Werte zerbrechen. Also gehört das höchste Böse zur höchsten Güte, diese aber ist die Schöpferische."

Friedrich Nietzsche

Wo soll ich hin o Herr? Lästig sind die Menschen in ihrem Tun, keine Liebe untereinander. Die Sonne geht auf, die Vögel singen, alles in der Natur freut sich, nur der Mensch ist mit dem leeren Vergnügen beschäftigt. Hängen wir denn nicht alle zusammen o Herr? Doch warum ist jeder nur an seinem eigenen Vergnügen interessiert? Ich verstehe diese Menschen und ihre Menschheit nicht, muss weg von hier. Mein Glück ist mir zu schwer, wie eine Wolke mag ich mich entleeren und weinen. Von allen Menschen denen ich begegnet bin, ist der weiße Mensch der Schlimmste. Kein Brennen im Herzen, keine Liebe in tiefern Welten. Er ist eine abscheuliche Maschine. Sie sind einsam in ihrer kalten Welt. Im Alleinsein sind die Wunder des Lebens versteckt, doch sie mögen nicht zum Alleinsein gelangen. Um ein schöner Mensch zu werden, muss man sich von der Menge entfernen, es gibt keinen anderen Ausweg. Der Weg der Reife sollte vom alten zum Neuen gehen. Doch die Masse möchte das Alte schützen und hat kein Interesse am Neuen, Unbekannte. Wie eine Schlange aus der alten Haut schlüpfen und nie zurückschauen. Weisheit ist nicht die angesammelte Vergangenheit. Wahre Weisheit ist die ständige Erfahrung des sich ständig erneuernden Lebens. Denn das Leben läuft nicht rückwärts, noch verweilt es im Gestern.

„Ich bin bei Weitem der furchtbarste Mensch, den es bisher gegeben hat, dies schließt nicht aus, dass ich der wohltätigste sein werde."

Friedrich Nietzsche

Doch verweilen muss ich unten unter den Menschen, ich schulde es dem Leben welches erschuf diese Schönheit in mir. Die Menschen unten auf dem Marktplatz leben in Gefängnissen ihres Verstandes. Sie sind besessen von Technologie und Konsum, ihre gegenwärtigen, angebeteten Götter. Töten muss ich diese Götter, der ihre Herzen vergewaltigt. Ja, echte Weisheit ist unschuldig wie ein kleines Kind, Wissen ist Ego. Wissen stopft die Menschen mit Informationen voll und sie behaupten, dass sie wissen, doch das Chaos und Elend in ihrer Welt sind nur ein Ergebnis ihres Wissens.

„Der Junge kam lange Zeit nicht wieder. Jetzt hatte er Geld,
und er war eifrig bemüht, aus diesem Geld noch mehr Geld zu
machen. Den Baum hatte er ganz vergessen. Jahre vergingen.
Der Baum war traurig.“

Der glückliche Baum

Mein kleiner Junge, ich sehe Dich und deine neue Schönheit. Du bist verwandelt. Deine Energie ist eine andere, sie kommt aus dem Lande der Blumen. Du bist als Unwissender von uns gegangen in die Ferne und kommst als ein Niemand zurück, voller seliger Leere. Du gingst als Sterblicher, als einer von uns, doch das Gebirge macht dich zu einem Unsterblichen. Nun gehörst du nicht mehr der Herde an. Doch ich frage deine schöne Seele. Hast du denn keine Angst zu den Blinden zurückzukehren? Zu den Schlafenden als Erwachter zu kommen? Du sollst wissen, dass sie dich dafür bestrafen werden. Sie werden und können dies dir nicht verzeihen. Deine Schönheit ist zu viel für sie, sie werden das nicht ertragen können. Noch nie wurde jemand Unglücklicher gekreuzigt in dieser Welt. Es waren die Schönen Seelen denen dies geschehen ist. Schön zu sein unter den Unglücklichen und Machtsüchtigen, dies ist gefährlich mein schöner Junge. Du kannst sehen und sie nicht. Sie sind tot, du bist lebendig. Fürchtest du denn nicht die Strafe mein Feinfühliger? Ja, rein sind deine Augen, und in deinem Munde birgt sich kein Ekel. Du gehst wie ein Tänzer, in Liebe verfallen. Die Menschen jedoch widmen sich nur dem Lebensgeschäft, sie sind nicht interessiert am göttlichen Tanz. Sie kennen die Gipfel der höchsten Seligkeit nicht. So sag mir, fürchtest du denn nicht dein trauriges Schicksal?

„Aber der Baum war sehr glücklich. Die Liebe ist glücklich, selbst wenn ihre Gliedmaßen für die geliebte Person abgetrennt werden."

Osho

Zum Kinde zu werden, das bedeutet dem Schöpfer im eigenen Herz zu begegnen. Was will man bei den Schlafenden? Die bloße Gegenwart eines schöpferischen Geistes, welches sich von den Brüsten der kindlichen Unschuld ernährt ist gefährlich für die Menge. Ja, in den Tälern herrscht nichts als Dunkelheit. Von den Gipfeln abzusteigen zu den Menschen unten ist ein gefährliches Vorhaben. Doch nur Liebende können dies.

„Verwandelt ist Zarathustra, zum Kind ward Zarathustra.“

Friedrich Nietzsche

Die Liebe des Unerwachten ist nichts als Lust und Last, er weiß nichts von Liebe. Seine Lust ist ihm eine Fessel für mehrere Leben. Die weiße Art das Leben zu sehen ist die schrecklichste von allen. Er hat keine Liebe zu geben, er ist ein Bettler, er kennt nur das Nehmen. Ja, wahrlich. Wahre Liebe liebt um der der Liebe willen und nicht um des Besitzens. Meine Werke sind ein Geschenk der Existenz sich auszudrücken, ich brachte ihnen diese Schriften, doch sie wollen mich vergiften und töten. Ist dies der Dank dafür? Ich riss mein Herz hinaus und gab es euch von ganzem Herzen. Bei den Tieren fühlte ich mich am wohlsten. Sie kreuzigten keine Blumen. Die Bäume sind sensibler als die Menschen, die Menschen gefühlslos. Er versteht nur die Sprache des Geldes, der Macht des Ansehens. Er hat die Sprache der Liebe, die Sprache der Freude, die Sprache des Tanzes vergessen. Die Kunst des Lebens ist ihm fremd. Das Leben ist Geschenk der Existenz. Das Leben ist Gott persönlich. Doch die religiösen, Unweisen haben einen falschen Gott erschaffen, er war eine Erfindung der Sklaven, die nicht die Freiheit liebten. Keine Universität und Schule hier lehren die Kunst des Lebens, die Kunst zu lieben, die Kunst zu tanzen. Und diese Dinge stehen über allen Dingen der vergänglichen Welt.

„Bleibt der Erde treu und glaubt denen nicht, welche euch von überirdischen Hoffnungen reden."

Friedrich Nietzsche

Brot und Spiele und schon ist das Volk betäubt. Die Unterlegenheit ihrer Geister lässt die schönen Seelen leiden. Sie kommen sich wie Zwerge neben den Liebenden vor und die einzige Möglichkeit wieder Frieden herzustellen ist die schönen Seelen zu beseitigen. Die Lehre des poetischen Daseins wurde gekreuzigt, nicht die Körper der Liebenden.

„Schneide meinen Stamm ab und mache ein Boot daraus. Ich wäre sehr glücklich, wenn ich zu deinem Boot würde und dir so helfen könnte, in ferne Länder zu reisen."

Der glückliche Baum

Zu welchem Publikum rede ich? Den Tauben, Blinden und Herzlosen sind meine Worte gewidmet. Zu ihnen reden bedeutet Freude und Traurigkeit zugleich. Es ist als würde man gegen eine kalte Mauer reden. Sie missverstehen nur. Es muss die Wahrheit sein, die ihre Welten total zerschmettern. Sie sehen den Spiegel ihrer Lügen in meinen Augen. Sie legen es aus wie es ihnen passt. Sie möchten nicht das gesagte Wort aufnehmen. So bleibt des Publikums Herz weiterhin kalt und verdorben. Die meisten Menschen fallen der Erde zur Last, sie nehmen unnötig Platz ein, vor allem die Reichen und Mächtigen und diejenigen die es werden wollen. So, was ist nun des Publikums Tugend? Sie haben nichts zu geben. Sie haben Geld, welches mit dem Blut der armen Kinder getränkt ist. Erst macht ihr die Armen zu Bettlern und dann wollt ihr ihnen Almosen geben. Ihr müsst die verdammte Masse sein von dem ich schrieb. Ihr gebt den Waisenhäusern Geld und kommt euch großartig vor. Wahrscheinlich sind es eure Kinder, die ihr mit Prostituierten gezeugt habt. Und dann regt ihr euch auf, welch Heuchler ihr seid. So ein niederes Publikum. Arme Leute können nicht zu Prostituierten gehen, so seid ihr es, die dies fördern. Ihr seid die wahren Kurtisanen. Die Mittelschicht, die elende Kaste, die der Oberschicht gehorsam ist. So was ist nun des Liebenden Tugend? Eine große Verachtung zu haben für diese Mittel und Oberschicht, die Kriminell sind und Prostitution jeglicher Art fördern.

„Infolgedessen hat das Leben alle Freude, alle Liebe, alle Schönheit verloren. Der Mensch ist zu einer Scheußlichkeit geworden, der Mensch ist zu einem Elendsgewirr geworden."

Osho

Die Stunde der großen Verachtung ist gekommen. Die Verachtung gilt den Reichen und Machthungrigen. Nur arme Menschen freuen sich des äußeren Reichtums. Huren, Suff, Spiel kennt ihr eigentlich etwas anderes als Das? Ein Liebender kann keine Kompromisse schließen mit den Lügen der Gesellschaft, die er bewohnt. Er wird die Ursachen beseitigen, nicht die Symptome. Habt ihr schon einmal Päpste, Priester oder Imame gekreuzigt gesehen? Nein, es sind die Propheten denen dies geschieht. Der Papst besitzt Millionen auf dem Konto. Jesus war ein Bettler.

„Es gibt keinen Gott außer dem Leben selbst. Es kann keinen anderen geben."

Osho

Auf der Bühne des Lebens zu stehen und zu den Menschen zu sprechen ist nicht einfach. Das Publikum hat zwar Ohren, doch sie hören nicht zu. Denn zum Zuhören gehört ein stiller Geist, ein feinfühliger Geist. Doch ihr Geist urteilt und ist sehr alt. Der Einklang zwischen mir und dem Publikum findet nicht statt. Die Wände haben selbst schöne Ohren, doch nicht die Masse im Publikum. Sie verdrehen meine Worte und möchten nur das sehen, was ihre Ahnen kannten. Soll ich schweigen? Macht es noch Sinn? Doch mein Verstummen zeigt meine Traurigkeit, zeigt meine Hoffnungslosigkeit um die Menschen. Sie sehen mich ihrer Kultur eine Gefahr. Sie haben diese Sachen noch nie gehört welche ich auf der Bühne sage. Ein einziger armer Mann auf einer Theaterbühne zerstört ihre Moral und Kultur, die sie über Tausende von Jahren aufgebaut haben. Ihre Kultur zerstört das Individuum und die Schönheit der talentierten Kinder, wie hätte ich da selbst nur Zuschauer sein können? Ich musste auf die Bühne. Mir war von Anfang an bewusst dass ich Spot und Erniedrigung erfahren werde, doch passierte dies Jesus von Nazareth nicht auch? Die Kinder werden in ihrer Kultur nicht in ihrer Einzigartigkeit gefördert, welch ein Verbrechen. Die Masse ist sehr stolz auf sich selbst, auch wenn nichts in ihnen steckt, worauf sie stolz sein können. Alles in ihnen ist nur hässlich. Doch sie zeigen diese Hässlichkeit nicht öffentlich. Sie tun so als hätten sie Bildung. Auf Leistung werden ihre Kinder geschult. Es geht ihnen nicht um die Sterne zu erreichen, sondern um die Götter des Mammon zufrieden zu stellen.

„Ich bezeichne Religion als Lebenskunst."

Osho

Dem Publikum meines Stückes, meines Dramas geht es nicht um höhere Werte. Es geht nicht um Liebe, um Schöpferkraft oder das Gebären von Sternen. Ich kann das Publikum reden hören, sie reden von Technologie, von Wirtschaft, doch das Wort Liebe kommt nicht vor in ihren Sätzen. Sie tun mir leid, sie haben keine schöne Zukunft, da ihre Gegenwart hässlich ist. Wie soll da ein neuer, lebendiger Morgen entstehen? Keine Musik in ihren Augen, keine Gedichte in ihren Gesichtern. Wohin nur mit ihnen? Sie kennen nur das Fortpflanzen, doch nicht die Liebe. Liebe muss erlernt werden, sie ist eine Kunst für sich, doch dort wo der Geist unruhig, da keine Künste zu erlernen. Zu lieben ist Beten. Doch wahre Religiosität ihren Stücken fern. Kreative Künste kommen in ihren Welten nicht vor, da werden lieber Autos auf Fließbändern produziert. Alle Autos gleich, wen kümmert da schon das Einmalige oder tiefe Augen? Nein, der liebende Mensch hat keinen Wert auf ihrem Marktplatz. Der Leistungsmensch wird angebetet, doch der Unterschied ist groß. Der Liebende ist ein Genie für alle Ewigkeiten, der Leistungsmensch wird sterben und für immer vergessen werden. Was bedeutet Glück auf dem Marktplatz? Macht und Ansehen zu besitzen. Das Robotersein ihre ausgelebte Religion dort. Ihr Leben hat keinen Gesang, kein Feuer, keine Vulkanausbrüche.

„Die Menschen waren noch nie so krank, so neurotisch, so deprimiert, so unglücklich und vergiftet wie heute."

Osho

Im Publikum sitzen Anwälte und Richter, neben ihnen sitzen Reiche und Mächtige. Neben ihnen die Geistlichen. Sie sind Angehörige einer Familie. Ich kann sie reden hören, sie fällen mein Urteil. Ihre kalte Gerechtigkeit begleitet sie ihr ganzes Leben lang. Ihre Sprache ist wie kaltes Eisen. Wer keine sehenden Augen hat, wie kann man dann von Gerechtigkeit reden? Es sind die Anwälte und Richter der Masse. Sie werden von diesen Henkern jeden Tag versklavt. Doch sie werden meine Tatze bald spüren. Ja, sie stellen meine Diagnose, dass ich dem Wahnsinn verfallen bin. Ja, euer Unrecht werde ich mit Unrecht zurückzahlen. All die Lehren der Menschheit wollen, dass wir alles über uns ergehen lassen. Doch, sie wollen das Haus eines Armen räumen, denn sie wissen, dass ich nichts besitze, doch eine Schönheit habe, die sie nicht haben. Die Schönheit einer Lotusblume. Sie besitzen nur Plastikblumen. Solange nicht Gerechtigkeit auf Liebe basiert, ist sie Ungerechtigkeit. So ist des Richters Welt, eine Welt des Teufels. Er möchte, nicht dass die Welt eine schöne Welt wird, denn dann würde er nicht mehr viel Geld verdienen können. Er braucht und fördert das Elend auf der Welt und die Ungleichheit. All ihre toten Urteile richten über das Lebendige. Sie werden stets meine Feinde bleiben. Sie haben es auf die Blumen nämlich abgesehen. Keine Tränen haben diese Anwälte und Richter in ihren Augen, keine Rücksicht. Sie sind die Mörder der Menschheit. Wegen ihnen gibt es bettelnde Kinder, wegen ihnen müssen Frauen sich prostituieren. Der Richter ist nichts anderes als der Henker im Dienst der Gesellschaft. Er muss die prophetische Botschaft der Lotusblume kreuzigen. All die Polizei, die Gesetze, das Militär ist dazu da um die schönen Menschen der Welt zu vernichten. Die kalten Augen der Richter und ihrer Gesetze sind nicht dazu da um das Schöne zu fördern.

„Sie würden staunen, dass unsere gesamte bildende Kunst und Literatur um das Thema Sex kreist."

Osho

In die Hände von so vielen Blinden gibt ihr die Macht. Doch ihr möchtet keine Liebe geben, nur besitzen. Die meisten von euch sterben mit dreißig Jahren und werden mit siebzig begraben. Ihr lernt nicht die Kunst des Lebens. Es war mein Erstreben in meinen Werken und Reden, das ihr auch zum Mysterium der Liebe findet, damit ihr zur Ewigkeit schreitet. Das Gebären von unendlichen Werken bleibt euch somit enthalten. Ihr lebt nur ein normales, altes Leben, wo nur die biologischen Sinne befriedigt werden und nach dem Tode ist es vorbei mit euch. Zu Schaffenden könnt ihr auf diese Art und Weise nicht werden. Euer Becher des Lebens ist immer leer zu allen Zeiten. Nur Liebende sterben mit einem ungeheuren Mysterium in den Augen mit einem Lächeln auf den Lippen. So ist es für mich mehr als genug, es ist Zeit für mich zu gehen. Mein Pferd wartet auf mich, um mich davon zu reiten in eine schönere Welt. So rate ich den Überflüssigen, geht von dieser Welt. Ihr seid nur eine Last für diesen schönen Planeten. Ihr habt euch unnötig Mühe gemacht geboren zu werden. Es macht keinen Sinn, euer Dasein.

„Habt ihr schon einmal darüber nachgedacht, wie die Prostitution als Institution überhaupt entstand? Kann man bei primitiven Völkern eine Prostituierte finden? Ausgeschlossen."

Osho

Die Überflüssigen Zuschauer meines Stückes machen großen Lärm. Sie haben das Leben verpasst, so möchten sie laut sein um ihre Hässlichkeit zu verbergen. Es sind die Überflüssigen welche den Tanz des Lebens verpasst haben. Ja, der Tod ist für die Liebenden eine Heimkehr, ein Triumphzug. Doch die Christen und Moslems werden eine klare Niederlage nach dem Leben erleben. Ihr Himmel, wo sie alle hinwollen, ist in Wirklichkeit eine Stätte des Grauens, die reine Hölle. So sagt mir, wie wurde das Geld zum höchsten Wert? Es ist das Geld was euch in die Hölle bringen wird und die Gier danach. In eurem Leben macht man Liebe zum Mittel zum Zweck, deswegen sind eure Augen tot. Liebe muss unnützlich bleiben. Ja, der gewöhnliche Mensch der in der Masse, in der Herde lebt, er ist gierig, er ist ein Bettler. Er möchte nur anhäufen, er gibt nie. Bei Sonnenuntergang eines Tages mögt ihr viel angehäuft haben, doch wir Liebenden geben alles ab um am Morgen wieder leer zu sein. Das Morgen wird für sich selbst sorgen. So groß ist das Vertrauen der Liebenden, die auf der Bühne stehen. Ja, ich bin nichts anderes als ein Finger der auf den Mond zeigt. So liebt nicht meinen Finger, sondern dorthin wo ich hinzeige. Ja, in Armut zu sterben und verrückt zu werden, weil man nicht genug zu essen hat, dies ist mein Schicksal. Doch ich sterbe erfüllt, ob ihr meine Werke versteht oder nicht, ist mir egal, dies ist der Masse Problem.

„Seht ihr einen liebenden Menschen, auch wenn er gerade alleine dasitzt, dann werdet ihr spüren, wie dieser Mensch vor Liebe sprüht."

Osho

Ja, der liebe Gott hat mich zu einem Dichter gemacht, für Menschen die noch nicht auf dieser schönen Welt sind. Ja, meine Dichtungen sind zu früh gekommen, sie müssen noch warten auf die schönen Kinder des Regenbogenlandes. Ja, es braucht Seelen, die auf unbetretenen Pfaden laufen um meine Werke zu verstehen. Die gegen die Traditionen sind, gegen die Orthodoxen, gegen die Sitten, gegen die Masse. Und genau dies ist für die meisten Menschen eine Gefahr. Die bloße Gegenwart eines Menschen, dessen Herz von Liebe überfließt wie ein Strom, ist eine Gefahr. Seine Liebe wird euer Ego zerstören, eure Welten. Einem solchen Menschen nahe zu sein ist gefährlicher wie eine Atombombe. Das ist der Grund warum Menschen wie Sokrates und Vincent Van Gogh gehasst werden. Doch was haben sie denn, nur ein gütiges Herz. All die korrupten Politiker und Priester machen euch keine Angst, doch ein liebendes Herz macht euch Angst ja? Die Liebenden zerstören das Alte und das Neue wird geboren, dies macht euch Angst. Ihr wollt beim Alten bleiben.

„Bildet euch nicht ein, dass eine Blume ihren Duft bloß für euch verströmt."

Osho

Auf der Bühne zu singen ist eine wunderschöne Art sich auszudrücken. Ja, ich bleibe der Erde treu und den Blumen. Doch nur die Lieder der Ewigkeit sind es Wert gehört zu werden, nicht eure Lieder des Marktplatzes, die nichts anderes sind als Spiegel eurer Konditionierungen. Sie sind keine freien Lieder. Zu Lieben bedeutet das Erschaffen von unsterblichen Liedern. Es ist nur den Liebenden Wesen Selig sie zu singen. Der Massen Lieder sind nur Lärm um nichts.

„Tausend Pfade gibt es, die noch nie gegangen sind, tausend Gesundheiten und verborgene Eilande des Lebens. Unerschöpft und unentdeckt ist immer noch Mensch und Menschen Erde."

Also sprach Zarathustra

Heute spiele ich das Stück der Stille auf der Bühne, kein Wort komme aus dem Munde heute. Die Scheinwerfer leuchten auf mich, doch kein Wort werde gesagt. In jener Stille das Aroma der Liebe. Nichts wird gesagt, und doch bleibt nichts ungesagt. Doch niemand im Publikum welches möchte zu Empfangen. Ja, das Publikum hat das Potenzial diese Erde in ein Paradies zu verwandeln, hören sie nicht zu. Diese Erde ist unser Zuhause, unsere Mutter. Nur das Lehren von Bewegung ist heilig, mit den Gesetzen der Existenz. Ja, die Sehnsucht nach einem höheren, schöneren Leben lässt Tränen zu Ozeanen werden. Wird der Frühling balde kommen?

„Nie noch fand ich das Weib, von dem ich Kinder mochte, es sei denn dieses Weib, das ich liebe, denn ich liebe dich, o Ewigkeit, denn ich liebe dich, o Ewigkeit."

Also sprach Zarathustra

Wenn der Traum des poesievollen Menschen nicht bald stattfindet, dann gibt es keine Hoffnung für die Zukunft. Womöglich ist es schon zu spät, doch mag nicht alles sagen, was uns böses erfahren wird. Die Kinder würden Angst bekommen, so sage ich nur das halbe Wort. Ihre Tränen könnte mein zartes Herz nicht ertragen. Ja, die Kräfte des Lebens sind sehr zart, so wie ein Dufthauch in der Luft. Und die Kräfte des Todes sind sehr stark. Ja, das Hässliche kann nicht über das Schöne siegen. So werde ich hoffentlich noch Zeuge von der Geburt des dichterischen, weiblichen, schaffenden Menschen zu Lebzeiten.

„Nun heiße ich euch, mich verlieren und euch finden, und erst, wenn ihr mich alle verleugnet habt, will ich euch wiederkehren.“

Also sprach Zarathustra

Alleine gehe ich nun bald davon. Ich weiß es nicht, vielleicht war ja alles nur ein Betrug in dieser Welt. Der tiefen Dimension des Mystischen widmete ich meine Kräfte. So schwinden nun diese Energien. Es heißt, dass das letzte Wort eines Künstlers nie gesagt werden kann. Es bleibt ein Mysterium. Ja, ich sang das Lied der Dichtung, das zu singen ich gekommen war auf diese Welt. Ja, meine Stimme hatte sich verändert. Sie vergaß alle Logik, sie wusste nur noch von Liebe. Die biologische Liebe verachtete ich nun, es war zu gewöhnlich. Bei der Masse verliebte man sich nur in Körper. So alleine gehe ich nun. Ich nahm Gestalt an und sang die Lieder der Vögel. Ja, der Meister will, dass seine Jünger auch zu Meistern werden und ihn überholen. Ja, Glaube hat die Menschen zu Christen und Mohammedanern gemacht, doch nicht zu liebenden Menschen. Ja, im Inneren der Masse ist das Tier zu Hause.

„Aber alle Liebenden wollen, dass der oder die Geliebte nur sie liebt und niemanden sonst. Sie wissen nicht, dass man keinen Einzelnen lieben kann, wenn man nicht alle lieben kann."

Osho

Ja, ich öffnete euch mein Herz und bekam eure tödliche Qual zu spüren. Doch dem Schaffenden kann sein Werk nicht genommen werden. Nur das Materielle kann man beklauen. Böse und menschenfeindlich nennt ihr mich. Doch alle Rechtfertigkeit aller Vergänglichkeiten werde ich nicht aussprechen. Eure Welten kennen nur die Strukturen des Sigmund Freud. Fern sind da die Dichter und Mystiker. Nur kranke Seelen wohnen in diesen Strukturen des Sigmund Freud. Werden wir zu den glücklichen Liedern finden?

„Wenn in deinem Herzen genügend Platz ist, wirst du finden, dass sogar eine Hütte ein Palast ist."

Osho

Alles ist beseelt auf der Bühne des Universums. Alles fühlt und hat Leben, alles möchte leben und fühlt Schmerz. Die Unglücklichen können mich nicht verstehen, sie sind zu sehr damit beschäftigt, anderen Wesen Leid zuzufügen. Wenn man die Künste der Liebenden verurteilt, dann hat man Gefallen daran andere Leiden zusehen. Wenn man zur Liebe findet, zum *großen Mittag*, wird es unmöglich anderen weh zu tun, in welcher Form auch immer. Jedes Wesen erfüllt einen Zweck auf dieser Erde und es ist ein tiefes Geheimnis.

„Hier sind Priester, und wenn es auch meine Feinde sind, geht mir still an ihnen vorüber und mit schlafendem Schwerte."

Also sprach Zarathustra

So vergesset nicht, Zuschauer meines seligen Dramas. Zwischen euch und der Existenz, dem Schöpfer besteht eine direkte Verbindung. Es benötigt keine Vermittler und Mittelsmänner. All sie sind Lügner und Heuchler. Es braucht auch keine Gotteshäuser, die diese Vermittler gebaut haben. Die Priester, die Imame. Die Stellvertreter der Religionen und ihre verfälschte Religion sind die größten Feinde der Schönheit und Wahrheit auf Erden. Die Existenz kennt nur eine Sprache, die der Stille, doch eure Welten sind laut und ungeduldig, hastig. Doch der verlogene Imam steht wie eine chinesische Mauer zwischen euch und der Existenz. Er ist der Feind der heiligen Offenbarungen. Unser Herzschlag läuft synchron mit dem Herzschlag des Lebens. Doch eure Gesellschaften laufen synchron mit den Göttern des Mammon. Doch die Religionen der Priester haben die Menschen mehr betrogen als irgendwer sonst. Heute sind diese Priester und Imame in der Wirtschaft tätig, bei den reichen Konzernen. Sie haben ihr Gewand gewechselt. Nun tragen sie Krawatten. Es ist das übelste Gewerbe der Welt. Ein wahrhaft Liebender Mensch singt stets zu allen Jahreszeiten selige Lieder der Freundschaft mit der Mutter Natur. Sein Herz ist voller Lieder. Diese Lieder finden kein Ende. Sein ganzes Sein ist ständig bereit zu tanzen. Der Priester und Imam und ihre Religionen haben es auf diese schönen Lieder abgesehen. Bitte, meine Liebsten, hütet diese Lieder vor ihnen. Sie sind unsere einzige Hoffnung.

„O seht mir doch diese Hütten an, die sich diese Priester bauten. Kirchen heißen sie ihre süßduftenden Höhlen. O über dies verfälschte Licht, diese verdumpfte Luft. Hier wo die Seele zu ihrer Höhe hinauf, nicht fliegen darf."

Also sprach Zarathustra

Selig sind die Religiösen, die Schaffenden, die Liebenden. Sie sind religiös im Schaffen, doch sie gehören zu keiner Religion. Ist nicht diese ganze Welt, das ganze Universum ein wunderschöner Tempel? Der Himmel voller Sterne in der Nacht. Dies ganze All ist eure Freiheit. Die Gotteshäuser sind nichts als Gefängnisse.

„Die Guten, die können nicht schaffen, die sind immer der Anfang vom Ende. Sie kreuzigen den, der neue Werte auf neue Tafeln schreibt, sie opfern sich die Zukunft, sie kreuzigen alle Menschen Zukunft."

Also sprach Zarathustra

Dichterischer Tänzer zu sein, oh wie selig. Selbst meine Tränen sind reine Freude. Jede Bewegung, jede Geste sind jene eines Tänzers, so voller Anmut, so voller Schönheit. Ja dieser Junge, der auf der Bühne des Lebens steht und zu der Masse redet. Wenn er auf der Bühne tanzt, dann ist es der Tanz des Lebens, während die Melodie des Universums gespielt wird im Hintergrund, die Hintergrundmusik. Er ist eine ganz andere Art Junge, als die das Publikum gewöhnlich kennt. Er ist so erfüllt von Liebe auf der Bühne, dass selbst ein Gott ihm nichts zu geben hat. Er fließt von Traum zu Traum auf seiner Bühne. Rar ist sein Dasein, auf dem Marktplatz kennt man diese Künste nicht, die dieser Junge anbietet. Ja, er steht alleine da, sein treuer Begleiter ist sein Hund „Blacky." Er ist immer dabei bei seinem Tanz mit der Mutter Natur. Ja, auf dem Marktplatz herrsch Licht, doch auf der Bühne ist es immer dunkel. Da Dunkelheit eine Tiefe hat, die kein Licht der Welt hat. Dunkelheit hat anmutige Stille.

„Genauso steht es um einen, dessen Dasein zu einer reifen Frucht geworden ist. Er wird demütig, er wird arm. Er ist bereit, mit jedem zu teilen. Er fragt nicht, ob du es verdienst oder nicht. Er will nur eines, geleert werden."

Kabir

Der Junge singt die Lieder der Sterne. Wer Ohren hat kann sie wahrnehmen. Unter dem Sternenhimmel der Nacht tanzt er mit seinem Hund. In absoluter Nacktheit der Nacht werden seine Stücke gespielt. Tagsüber ist der Junge nirgends zu finden. Er meidet die Marktplätze der Menschen, wo giftige Schauspieler die Menschen verpesten. Auf der Bühne der Nacht spielt er wie die Kinderlein. Rein und ohne Ekel in seinem Munde. Auf dem Marktplatz des Tages hat alles einen Preis, doch er spielt seine Stücke umsonst, der Liebe willen, der Menschen willen. Das Herz findet zu Worte in seinen Stücken, auf dem Marktplatz redet der tote Verstand. Die dunkle Nacht der Seele heißt sein Stück an diesem Abend.

„Das Lachen sprach ich heilig, ihr höheren Menschen, lernt mir, Lachen."

Friedrich Nietzsche

Meine Bühne muss weiterziehen in andere fremde Regionen dieser Welt. Stillstand bedeutet Rückwärts zu gehen. So ziehe ich weiter mit meinem traurigen Hund. Nein, Geld haben wir keines, die Gesellschaft wird immer reicher, doch es ist unser Recht welches sie uns beklaut hatten, so werde ich in eines ihrer Häuser steigen bei Nacht und mir mein Recht zurückholen. Dir Reichen sind die größten Diebe. Ja, des einen Einsamkeit ist die Flucht des Kranken, des anderen Einsamkeit die Flucht vor den Kranken, so muss ich fliehen bei Nacht, wenn die Geldwechsler und die Diebe schlafen. Schlachthöfe des Geistes sind ihre Schulen und Universitäten, dort werden die Kinder und ihre Tiefe ermordet. Die Romane des Lebens werden den Kindern rausgeprügelt mit totem Wissen. Alles redet dort in den Schulen ins Wasser, nichts fällt mehr in tiefe Brunnen.

„*In Deutschland fehlt dem höheren Menschen ein großes Erziehungsmittel. Das Gelächter höherer Menschen, diese lachen nicht in Deutschland.*"

Friedrich Nietzsche

Es war ein Junge, der auf der Bühne des Lebens stand. Er redete von den Höhen des Lebens und vom schönsten Himmelreich. Ja, gewiss seine Aura war nicht von dieser Welt, sein Wortschatz war nicht der Selbe wie er auf dem Marktplatz gesprochen wurde. Er konnte den Kummer der Menschen lesen, sie hatten keine Liebe kennengelernt in ihrem Leben. So konnte er seine Tränen auf der Bühne nicht zurückhalten. Man nennte diesen Jungen den weinenden Philosophen. Das Publikum war wie Würmer für ihn, und doch hegte er keinen Groll gegen sie. Ja, die Hohepriester und Herrscher des Marktplatzes verlangten sein Blut, da er in seinem Stück gegen ihre Ahnen und ihre gegenwärtige Welt redete. In majestätischer Einsamkeit lief er auf der Bühne Richtung dem Sonnenuntergang entgegen. Ja, der Junge war schön und der Glanz des Tages lag auf seinem Gesicht, welches die Bühne erhellte. Die Heiden auf dem Marktplatz, welche die Armen ausbeuteten, redeten vom toten Verstand, doch der Junge sprach von einer Sehnsucht, die im Menschenherzen inne wohnt. Sein Laufen war voller Glanz und Feinheit. Die Menschen auf dem Marktplatz laufen voller Härte und Überheblichkeit. Des Jungen Körper war in einer Liebesaffäre mit der Existenz. Die Menschen hatten Hunger nach wahrer Schönheit, und doch warf man mit Tomaten auf den Jungen auf der Bühne.

„Wenn Liebe und Meditation in dir noch nicht geboren sind, war dein Leben bis jetzt eine Vergeudung, du bist noch nicht geboren."

Osho

Der Junge auf der Bühne hatte einen Sonnenaufgang in seinen Augen. Ja, gewiss, die Masse mag keine liebenden Augen, uns so musste man diesen Jungen irgendwie beseitigen, doch er hatte eine Schönheit die nicht einfach zu zerstören war. Er wurde von einer magischen Kraft oder von Engeln beschützt, das konnte man irgendwie fühlen. Jener, der ein Feuer im Herzen hatte, konnte dies erkennen, mit dem Auge des Herzens. Gesegnet der Schoß, der ihn auf die Welt brachte und die Brust die diesen mysteriösen Jungen genährt hatte. Wenn der Junge blickte, konnte er in die Tiefe des Herzens der Menschen schauen. Seine Tränen, die er der Menschen willen vergoss, werden für immer in Erinnerung bleiben. Ja, er liebte die Kinder, Bäume und die Tiere. In ihnen konnte er die Schönheit Gottes sehen. Für den niederen Menschen hatte er wenig Verständnis, da er ihnen das ewige Licht brachte, doch die Menschen waren ignorant und wollten sich nicht ändern. Macht war ihr einziger Glaube. Es hatte den Anschein, als hörte der Junge Lieder, die für die Masse nicht zuhören waren. Seine Stimme war zittrig, voller Wunder. Ja, er negierte die Götter der habgierigen Menschen. Die Götter der Technologie und des Geldes hatten die Welt übernommen, sein Kampf war unter den Menschen Gleichheit herzustellen. Die Menschen auf dem Platze vom Markt, dachten sie wären frei, doch sie waren die schlimmsten Sklaven und wussten es nicht einmal.

„Selig, die gejagt und verfolgt werden, sie werden leichtfüßig sein, und es werden ihnen Flügel wachsen."

Jesus von Nazareth

Des Jungen Zorn in seinen Stücken, galt den Heuchlern. Sein Zorn glich einer Peitsche, einer Faust die mit hundert Sachen ihren Marktplatz aufwirbelte und zerstörte. Ja, überall wo er hinkam fürchtete man ihn. Doch es war nicht weil er Macht oder Geld hatte, nein es war die kindliche Unschuld die ihn Mächtig werden ließ. Denn er war gesellschaftlich gesehen nur ein Bettler. In ihrer Angst trachteten sie danach den Jungen vom Theater des Lebens zu töten. Ja, man sagte, dass der Junge den Sündern, den Schwachen und Gebrechlichen tröstete und ihnen nicht sauer war. Doch bei den Heuchlern kannte er keine Gnade, den Reichen und Mächtigen. Da diese Mächtigen ihr Joch den Schwachen aufzwangen. Ja, die Schwachen hatten sich für ihn in der Wüste verlaufen, doch die Heuchler wussten genau, was sie taten. Sie waren Geier, die auf die Beute warteten. Genau deswegen waren es diese Leute, die ihn für schuldig sprachen, da sie das Gesetz auf ihrer Seite hatten. Ja, man wandte Gewalt gegen den Jungen an, doch er spielte stets auf seiner traurigen Violine weiter und sang von der Liebe. Denn der Gewalt mit Gewalt zu antworten würde nur das Böse stärken. Ja, die Menschen hatten Angst sich auf dem Marktplatz gegen ihre Herren aufzulehnen. Sie sagten zum allem Ja und Amen. Sie lebten nur für das Brot, doch ohne Freiheit kein Genuss, dies wussten sie nicht.

„Geht an Sex heran, als ob ihr an einen Tempel, einen geheiligten Altar herangingt. Betrachte deine Frau so, als sei sie eine Göttin. Betrachte deinen Mann so, als sei er ein Gott.“

Osho

In den Augen des Jungen sah man eine gewisse Traurigkeit. Doch woher kam die Trauer in seinen Augen? Es war die Höhe, die er Bewohnen musste. Der Marktplatz, die Markthalle und wie sich die Menschen da benahmen rührte ihn jeden Tag zu Tränen. Er konnte es einfach nicht verstehen, wie man sich nur dem Geld zählen widmen konnte? Wenn man an diesem Jungen vorbei lief brannte das Herz im Inneren und verlangte nach seiner Schönheit. Doch diese Blume war zu schön. Ja, er lebte bei uns, und doch war er nicht einer von uns. Er sprach zu den Flüssen und Bäumen, wir jedoch nur zu unseren Herren die mit den Geldscheinen redeten. Ja, der Junge war gegen jede etablierte Ordnung, er war nur ein Bettler. Auch wenn er oft traurig war, so war seine Trauer zärtlicher Natur gegenüber den Leidenden und den Einsamen. Er war traurig, aber es war eine Trauer, die als ein sanftes Lächeln auf seinen Lippen erschien. In seinem Schweigen redete er von den Romanen und Poeten des Lebens und im Reden wurde er zu einem Rosengarten voller schöner Blumen. Jeden Augenblick betrachtete er die Welt wie aus den Augen eines Kindes, voller Staunen und Ehrfurcht vor dem Leben. Er wurde jeden Tag von Neuem geboren. Für ihn war die Welt stets immer eine Neue. Die Schatten seiner Augen waren tief und die Falten an seinen Augen waren der Menschheit gewidmet. Ja, sein Gesicht hatte etwas Fröhliches und trauriges Zugleich. Er wollte die Königreiche der Herzen erobern, da ihm seine Liebe im Überfluss zu viel wurde.

„Der einsame Mensch ist der stärkste von allen."

Griechischer Philosoph

Nein, den Jungen konnte man nicht verstehen, wenn man die Welt aus den Augen der kalten Vernunft sah. Er redete von anderen Ebenen. Ja, er redete für die Befreiung der Sklaven und Ausgestoßenen. Kein Wunder, dass man ihn nicht wollte. Ja, in seinen Stücken kamen die Reichen nicht gut weg, sie waren die verdammte Masse für ihn. Die Melodie in seiner Stimme verriet, dass er ein Mann der Schönheit und somit Gottes war. Voller Lieblichkeit und Kummer waren seine Lieder. Man sah ihn manchmal auf dem Marktplatz mit einer Lampe laufen, und dass er auf der Suche nach den verrückten Schöpfergeistern war, doch er fand keine. In seinem Lächeln sah man den Sieg über die Reichen, denn deren Gesichter waren steinhart. Selbst im Augenblick der Kreuzigung lächelte dieser schöne Junge. Er besiegte die Masse. Ja, er starb um dem Leben das Leben zu geben. Ja, das Herz versteht, was die Lippen nicht aussprechen und die Ohren nicht hören können. So sprach er stets zu seinen Jahreszeiten von der Liebe, seine Stimme war eine sanfte Melodie. Sein Pulsschlag der einst mit dem Wind im Gleichklang war verblüffte die Vögel und Rosen.

„Alle großen Männer der Menschheit, all ihre edlen Seelen sind gescheitert. All ihre Werte sind abgelehnt worden und gescheitert. Die größten aller Propheten und die edelsten aller Menschen sind gescheitert, sind alle untergegangen, und die Menschen sind immer tiefer in die Dunkelheit geraten."

Osho

Ja, die meisten Menschen sind wie ein lebendiger Leichnam, die zu ihrem eigenen Grab gehen während sie leben, jegliches Leben ist aus ihren Augen gewichen. Ja, des Jungen Küsse waren wie Wunder der Existenz. Bei den Leichen kannte man keine Küsse und Wärme.

„Es ist sehr wahrscheinlich, dass in hundert Jahren die ganze Welt ein ganzes riesiges Irrenhaus sein wird."

Osho

Auf dem Marktplatz jedoch gab es eine Frau, jene, die anders war. Sie wurde von der Bevölkerung als Verrückt angesehen, da sie Selbstgespräche führte. Sie redete von Schmetterlingen und süßen Kinderstimmen. Ihre Seele war stets im Flug in andere Welten. Sie war die schönste Sängerin für den Jungen, wenn sie sang war es das schönste Wunder der Welt. Sie sprach in Gedichtsprache und widmete dem Jungen ein Gedicht als er gekreuzigt wurde. Sie sang Klagelieder und es war dem Jungen gewidmet. Zu Lebzeiten waren der Junge und diese mysteriöse, schöne Frau in Liebe zueinander. Doch die böse Gesellschaft auf dem Marktplatz ließe es nicht zu, dass diese schönen Wesen sich lieben durften. Stellt man sich mal vor welch schöne Lieder der Kinder entstanden wären, wenn man sie gelassen hätte sich zu lieben. Die Dichtung der schönen Frau lauten wie folgt.

„Wohin hast du dich entfernt mein Frühling? Wohin nur? In welchen Welten bist du nun? Werde ich dein schönes Gesicht nie wieder sehen dürfen? Wo ist dein schöner Geruch nun? Er muss im schönsten Himmel sein. Was wird nun aus mir? Die Täler der Menschen werden nun unfruchtbar sein. Der Schöpfer wird es den Menschen nicht verzeihen, dass sie dich oh Liebender getötet haben. Nieder wird er reißen den Marktplatz, da man hier das Schöne umgebracht hat. Alles Grüne wird nun nicht mehr sein und die Menschen werden sich gegenseitig ausrotten, da man nicht auf dich gehört hat. Ich werde nach deinem Wein dürsten und mich nach deinem schönen Duft sehnen, schöner Geist. Wohin gehst du Blüte der Menschheit ohne mich? Nimm mich mit o zärtlicher Geist.

Hier auf Erden durften wir nicht eins werden, so lass uns in anderen Welten für immer und ewig zusammen sein. Nimm mich mein letzter Frühling, nimm mich mit mein letzter Frühling."

„Es ist kein grundlegender Unterschied, ob man zu einer Prostituierten geht oder in einer Ehe lebt, die nicht aus Liebe hervorgegangen ist."

Osho

Ja, meine Geliebte, welch ein schönes Gedicht. Auf meinen Lippen die letzten Lieder. Im Augenblicke des Todes, wirst du wie ein Liebesfilm vor meinen Augen sein, so viel ist sicher. Du sollst niemals vergessen, dass dein Geliebter die Poesie brachte, die Romane des Lebens, dafür wurde er gekreuzigt. Er kriegte gegen diejenigen, die das Liebende verachteten, die Reichen und ihre Staaten. Dein Geliebter war eine Reinkarnation des Malers Vincent Van Gogh, nur mit einer Feder in der Hand. Er malte seine Gedichte in Büchern. Ja, die Dichter sind Erschaffende. Präsidenten und Herrscher Zerstörer. Sie werden für ewig vergessen sein, während die schaffenden Künstler durch die Korridore der Zeit wandern werden. Sie gehören zur Ewigkeit. Aus überströmender Freude malte mein Pinsel die Lieder. Meine Lieder kommen aus der Fülle des Herzens, nicht aus hungriger Gier wie in ihren Welten. Ja, Schuld war mein großes Dasein auf dem Marktplatz, deswegen haben sie nun mein Urteil gefällt Liebste. Ihr kleines Dasein wurde beleidigt von mir, in ihren Augen. Sie sind wie Kamele die nicht gerne in die Berge gehen. Es ist ihre Minderwertigkeit die mich kreuzigt, was sie nicht wissen ist, dass sie nicht mich kreuzigen, sondern die Liebe. Ja, milde war ich zu ihnen, voller dichterischer Poesie, und dennoch fühlen sie sich von mir Verachtet meine Geliebte. Und sie möchten meine Wohltaten mir mit versteckten Wehtaten Heim zahlen. Ja, dies ist des kleinen Mannes Werk, seit eh und je seit es die Menschheit gibt.

„Hier saß ich, wartend, wartend, doch auf Nichts. Jenseits von Gut und Böse, bald des Lichts. Genießend, bald des Schattens, ganz nur Spiel, ganz See, ganz Mittag, ganz ohne Ziel. Da, plötzlich, Freundin! Wurde Eins zu Zwei, und Zarathustra ging an mir vorbei."

Sils Maria, Friedrich Nietzsche

Der kleine Mann ist eine Last für die Welt. Er hat noch nichts Kreatives der Welt geschenkt. Sein Reichtum hat keine Schönheit gebracht, da sie nur konsumieren können. Ja ihre Richter und Anwälte sind Henker der Schönheit. Sie haben keine sehenden Augen. Sie möchten, dass es auf der Welt Chaos und Ungerechtigkeit gibt, sonst würden sie ihren Beruf verlieren. Die Richter sind tot, sie haben niedere Gesetze geschaffen. Sie wissen was in den Gesetzesbüchern steht, doch haben sie keinen Schimmer von der universellen Liebe. Dem Gesicht Gottes.

„Ihr Dummköpfe. Ihr wisst es zwar nicht, aber ihr werdet nie imstande sein, mich zu beseitigen. Der Dreh, dass ich es vorgezogen habe zu sterben, dient mir ja nur dazu, ewig zu leben."

Sokrates

Menschen, die im Lande des Ichs leben, sind im momentanen Zustand überflüssige Wesen für den Planeten. Ihr ganzes Wesen ist der Existenz entfremdet. In diesem Zustand kann der Mensch die Schöpfung nicht lesen. Nur wenn alles Reden eingestellt wird, kann man die Schöpfung singen und tanzen hören. Dann brauch man nicht im leeren Vergnügen auf Feiern zu tanzen. Ja, es gibt schöne Sehnsüchte nach hohen Utopien, die wahrer sind als eure Realitäten. Die intellektuelle Welt lebt im Aberglauben. Das äußere ist nur der Spiegel der inneren Welt. Die Intellektuellen haben eine neue Inquisition geschaffen, nur die Form hat sich geändert. Es sind die schulisch gebildeten Menschen, die diese schöne Welt vergewaltigt haben. Eines Tages wird es eine harmonische Gesellschaft geben, so hoffen die Vögel. Diese Welt werden die Indianer errichten, voller Schönheit und Zärtlichkeit. In dieser Welt haben die Religiösen und Intellektuellen Menschen keinen Platz. Sie gehören zu einer Familie. Ihr Platz wird im dunklen Tal sein.

„Wenn du losgehst und dich nackt auf der Straße bewegst, tust du niemandem weh, tust du niemandem irgendeine Gewalt an, du bist absolut unschuldig. Aber sofort wird die Polizei aufkreuzen, die ganze Umgebung wird in helle Aufregung geraten. Man wird dich ergreifen, prügeln, ins Gefängnis stecken. Aber du hast überhaupt nichts getan."

Osho

Alle im Publikum treten mit einer Maske auf. Lächelnd, strahlend vor Glück, doch so täuscht jeder jeden in ihrer Welt. Ja, die Gesellschaft im Publikum möchte nicht, dass die Menschen ihr eigenes Potenzial erreichen. Die Göttlichkeit im Leben kennenlernen. Die Masse verleiht den hässlichen Dingen Leben. Schöne Sachen werden von ihnen nicht geliebt. Deswegen kommen sie nicht hoch in höhere Welten. Das Publikum möchte Freiheit doch mag keine Verantwortung übernehmen. Ihnen gefällt es zu Fluchen und zu verdammen, den Künstler auf der Bühne. Alle Tiere sind erleuchtet, sie folgen dem großen Geheimnis. Nur der Mensch möchte nicht zu den Geheinissen des Lebens aufbrechen. Dem Leben auf dem Marktplatz fehlt der Saft des Lebens. Dort ist man zu Nachahmern geworden, niemand ist sich selbst. Die Reichen Menschen denken, sie würden geliebt werden. Doch des Menschen Schicksal ist's, dass er Gehorsam der Macht und des Geldes ist. Es ist der Diebstahl seines Reichtums welches ihn von den Menschen achten lässt. Der Dieb in ihm wird geliebt von einer Masse, die ihre Kinder um des Schönen beraubt hat.

„Das rührt daher, dass Mord immer noch menschlich ist. Kein Tier mordet. Sie töten des Fressen wegen, aber sie morden nicht. Und kein Tier mordet seine Artgenossen, nur der Mensch."

Osho

Der Verstand möchte stets Spalten mit seinem tödlichen Messer. Das Herz möchte alles Vereinigen. Wer ist nun Mörder, wer ist der wahre Liebende? Die Gesellschaft ehrt den Verstand, sind sie dann nicht alle Mörder? Der Verstand weiß nicht, was sich jenseits der Wörter verbirgt. Er sieht nur im Logischen die Welt. Mit dem Leben kommt er nicht in Verbindung. Man kann ohne Verstand leben, doch nicht ohne Herz. Denn das Leben ist ein Fließen und kein Stagnieren. Schön leben bedeutet Veränderung, bedeutet Bewegung. Wenn Menschen andere mit Worten und Gesten verletzen, dann verletzen sie eigentlich sich selbst. Alles kehrt zurück. Die ganze Existenz ist eine kosmische Einheit. Nichts bleibt ungesehen.

„Wenn du nicht lieben kannst, hortest du Geld. Geld ist ein Ersatz. Nie werdet ihr einen Geldhorter finden, der zugleich ein liebender Mensch ist."

Osho

Wenn man keine Liebe in sich hat, wenn man kein Mensch geworden ist, dann ist man leer. Und aus dieser Leere kommt die Gier. Die Gier nach Geld, nach Häusern, Autos, Freunden und allem Möglichen. Entweder wird man eins mit den Blumen und Sternen oder man wird zu einem Geizkragen und verblutet in Habgier. Es gibt nichts dazwischen. Geld ist der Herr der heutigen Zeit. Die Psychologie der Masse ist von Habgier erfüllt. Das Mehrwollen kennt kein Ende. Wenn jemand Reich wird, dann bedeutet dies, dass er voller Hass in seinem Inneren ist. Er hat ausgebeutet und er hat den Leuten das Blut ausgesaugt. Er ist ein Parasit. Ja, die Reichen haben viel Geld erworben, doch all die Verbrechen, die sie taten auf dem Weg zum Reichtum werden sie einholen und Gott wird Gestalt annehmen, in Form eines Henkers. Die Reichen waren nicht dankbar dem Leben, welches ihnen geschenkt wurde.

„Warum nicht ein Leben schaffen, wo Geld nicht zu einer Hierarchie führt?"

Osho

Die Gier ist keine Begierde, nein sie ist eine Krankheit. Man ist nicht im Einklang mit der Liebe. Dies führt zu Gier. Leute die autoritär sind, sind diejenigen, die unter einem Minderwertigkeitskomplex leiden. Um ihre Unterlegenheit zu verbergen, pochen sie auf ihre Überlegenheit. Doch tief unten sind sie sehr unterlegene Wesen. Die Natur hat keine Hierarchie. Hierarchie ist eine Erfindung des Menschen. Der unglückliche Mensch ist schnell unterworfen. Der Liebende kann nicht unterworfen werden.

„Habt ihr schon mal mit angesehen, was vor sich geht, wenn ein Geizhals zufällig Geld zu Gesicht bekommt? Habt ihr das Leuchten gesehen, das in seine Augen tritt, und wie das Gesicht zu strahlen anfängt. Das Wasser läuft ihm im Mund zusammen."

Osho

Alles Höhere im Leben ist sehr verletzlich. Blumen sind sehr verletzlich. Die Rose ist so schön, doch dies ist das Gefährliche. Jemand könnte sie pflücken und umbringen, sie um ihre Heimat bringen. Niemand wird einen Stein aufheben, doch die Blume kann gepflückt werden. Man sollte nur Lieben, wenn man auf dem höchsten Gipfel ist. Die Menschen denken, dass sie mit dem Kopf lieben könnten, gibt es größere Narren als sie? Die Gesellschaft und ihre Schulen haben das Herz umgangen. Die Erziehungssysteme sehen keinen Platz vor für das Herz. Das Herz hat man mundtot gemacht. So regiert der Kopf. Der Kopf ist gut was Geld angeht, was Ehrgeiz angeht, was Krieg angeht, doch es taugt nichts wenn es um die Liebe geht. Menschen, die aus dem Kopf leben haben einen guten Lebensunterhalt, doch kein gutes Leben. Das Herz kann dir keinen guten Lebensunterhalt geben, doch es beschert dir ein schönes Leben. Die Politiker, die Religionen, die Kaufleute, die Krieger wollen alle, dass der Kopf geschult wird. Darin liegt ihr Profit.

„Gott kann sterben, Religionen können verschwinden, aber Religiosität ist etwas, das in die Existenz selber verwoben ist. Sie ist die Schönheit des Sonnenaufgangs, sie ist die Schönheit des Vogels im Flug, sie ist die Schönheit eines aufblühenden Lotus. Sie ist alles, was wahrhaftig ist."

Osho

Das Leben ist so kurz, und die Liebe so kostbar. Wieso dann all dieser Wettbewerb? Politik und Wettbewerb sind Krankheiten wie Krebs. Sie müssen behandelt werden. Der Weg des Intelligenten ist der Weg des Herzens, denn das Herz ist nicht an Worten interessiert. Intellektuelle leben nur von bloßen, toten Worten. Der Verstand, die Intellektuellen reden viel, doch sie wissen nichts von wahrer Schönheit. Das Herz weiß alles, doch kann nicht reden. Hinter schönen Worten verstecken sich die Intellektuellen. Sie handeln im Namen des Bösen hinter schönen Wörtern, deswegen ist es schwer sie zu entlarven.

„Ich habe nicht die geringste Absicht euch zu beherrschen.
Ich bin hier, um euch vollkommen frei zu machen."

Osho

Heute spiele ich auf der Bühne einen Liebesakt. Mann und Frau lieben sich zärtlich und schauen sich tief in die Augen. Sie tanzen voller Liebe und werden schließlich zum Tanz selbst und verschmelzen in anderen Welten. Das Publikum ist beunruhigt von diesen Szenen. Wenn Menschen auf der Bühne des Lebens zärtlich, feinfühlig und sensibel zueinander sind, dann bekommt die Gesellschaft Angst. Sie schauen desinteressiert, wollen die Szene nicht sehen. Doch wenn auf der Bühne es zu Streitigkeiten und Konflikten, Kriegen und Kämpfen kommt, dann lieben sie es, so dass sie voller Erregung sind. Ist dieser Menschensohn denn nicht ein komisches Wesen? Er ernährt sich von der Liebe zum Toten, die Zärtlichkeit ist ihm eine Gefahr. Die Szene endet als das Publikum die Ränge verlässt und zu einem anderen Stück namens Gewalt geht. Die Liebe ist ihnen einfach fremd, was soll man da noch sagen?

„Pornografie ist ein Nebenprodukt religiös bedingter Unterdrückung. Sie ist einzig und allein den Priestern und Imamen zu verdanken. Die Pornografie wird von der Kirche, der Moschee, von den religiösen Leuten hervorgebracht und verwaltet."

Osho

Der weiße Mensch hasst die Bühne der Liebenden Künstler. Die Habgier und die Gewalt des weißen Menschen haben die Sonne traurig und wütend gemacht. Deswegen scheint die Sonne heißer wie nie zuvor. Der weiße Mensch hat das Poetische und Zarte im Leben umgebracht. Die Götter der Zinsen sind ihm am Liebsten. So macht euch auf die Schiffe, Kinder der Hoffnung. Es gilt die Welt der Zinsen zu zerstören. Den Sieg davon tragen werdet ihr Kinder des Regenbogenlandes.

„Nacktheit sollte etwas ganz Natürliches sein, so natürlich, wie Tiere, wie Bäume, wie alle anderen Lebewesen naturgemäß nackt sind. Dann wird die Pornografie verschwinden."

Osho

Tagelange Kopfschmerzen plagen die Seele. Die Welt auf dem Marktplatz ist schrill, dumm und grässlich. Rastlos zu Wandern fügt zu der Seele Schaden. Die Menschen haben den schönen Schöpfer getötet und haben Ersatzgötter geschaffen. Es sind die Götter der teuflischen Vernunft, der toten Wissenschaft, der Materie und der leeren Unterhaltung. Wer diese Götter nicht anbetet, wird als Verrückt eingestuft in ihrer Welt. Doch, gesegnet sind jene, die diese alten Werte negieren. Ja, es stimmt. Sie sagen die Melodie meiner Seele klingt traurig. Doch warum voller Freude sein, wenn es nicht echt ist? Eure Welt ist freudlos, deswegen gaukelt euch euer Verstand Freude vor. Da, ihr nicht wisst, was Liebe ist, liefert euch der Verstand Liebeslügen an. Am Ende des Lebens stehen eure Paläste leer. Wenige Menschen werden den Lebenstest bestehen. Müllhalden sind eure Herzen. Euer gegenwärtiges Dasein muss revoltiert werden, man schuldet es der Mutter Natur. Ja, die Masse ist das Hauptproblem aller Jahreszeiten. Ein Sucher ist stets alleine.

„Wir begehen alle Selbstmord. Daher ist es selten, dass ein Mensch eines natürlichen Todes stirbt. Alle bringen sich um, vergiften sich. Verschieden sind die Methoden, verschieden sind die Tricks, sich umzubringen, aber alles beginnt mit der Spaltung.“

Osho

Die Kinder des Regenbogenlandes, sie streiten nicht. Wenn sie lachen, ist es, als würde Gott lächeln. Doch die Kinder in den Städten der weißen Zivilisationen, sind streitsüchtig. Ihre Aura ist entfremdet den schönsten Regenbögen. Es ist das Werk der weißen Ahnen, die diese Kinder, tief in ihrem Geiste verstümmelt hat. Ja, der Wechsel der Welten wird für jeden baldig kommen, und man wird dafür Rechenschaft ablegen müssen, warum man so eine barbarische Welt zusammen hier errichtet hat. Da wird kein Reichtum der Welt helfen, dieser großen Abrechnung mit dem Leben zu entkommen. Nein, im Gegenteil, der ganze Reichtum den man hier auf Erden angesammelt hat, wird zu Feuer werden und den Körper brennen lassen. Furchtbare Qualen wird man erleiden. Die Schuld war, weshalb man nicht teilte.

„Diese Welt ist kein Elend, merkt euch das. Ihr seid gespalten, daher erschafft ihr Elend in dieser Welt. Ihr kämpft mit euch selbst, daher werdet ihr elend."

Osho

Die Mutter Natur wird vergewaltigt in den weißen Zivilisationen, das Herz des Menschen dort steinhart. Man teilt nicht alles über dem Notwendigen, nein man hortet wie ein Geier. Krank sind diese Menschen, die diese Einstellung besitzen. Alles dreht sich nur um das Haben. Geöffnet werden nicht die Herzen, sondern die Beine um der Macht willen. Alle Pflanzen sind Brüder und Schwestern, doch wir wollen ihre Lieder nicht hören, hier in diesem grauen und tristen Land. Wir erweisen der Natur keinen Respekt, so haben sie auch keinen Respekt vor den weißen Zivilisationen. Nein, die Kinder sind nur Leihgaben des Schöpfers, sie gehören niemandem. Wahres Wissen ist in allen Kreaturen zuhause. Die Welt der Mutter Natur ist eine heilige Bibliothek für sich. Wie schade, dass die Menschen nicht aus diesen Büchern lesen, sondern nur aus den verlogenen Schulbüchern.

„Aber einst wird dich die Einsamkeit müde machen, einst wird dein Stolz sich krümmen und dein Mut knirschen. Schreien wirst du eins, ich bin allein. Und hüte dich vor den Guten und Gerechten. Sie kreuzigen gerne, die welche sich ihre eigne Tugend erfinden, sie hassen den Einsamen."

Also sprach Zarathustra

Es wird der Tag kommen, an dem die Habgierigen Seelen Rechenschaft für all ihren gestohlenen Besitz ablegen werden. Die Reichen vergeuden ihre Tage mit Ansammeln von mehr Besitz, doch bald wird dies ein böses Ende für sie haben. Das immer mehr Anhäufen hat ihre Geister zu Despoten werden lassen. Ihre Weltordnung verabscheut die Armen Wesen. Im Tempel der Liebe zu wohnen ist schön und macht Einsam zugleich. Niemand redet mit mir, sie ignorieren meine Werke in ihrer Arroganz gegen das Leben. Oh welch träge Geister sie nur haben. Manchmal macht es traurig auf hohen Gebirgen zu wohnen, doch so nun mal die Regeln des Lebens. Je mehr ich gen Himmel aufsteige umso mehr Verachte ich die Länder da unten, die immer kleiner werden. Die Masse hasst die Fliegenden Geister. Sie möchte zerren nach unten, damit keiner wohl fliege Richtung Schönheit. Die Bäume wachsen hoch, weil sie niemand versteht. Sie reden eine majestätische Sprache, die den Menschen fremd geworden ist. Nach den Sternen dürstet die kindliche Seele.

„Alle Vereinsamung ist Schuld. Also spricht die Herde."

Friedrich Nietzsche

So beschwöre ich das Wort, baldig mein Körper wird nicht mehr hier sein, doch das Papier auf dem ich schreibe, wird fliegen mit mir in schönere Welten. Wirft das kindliche in euch nicht weg. Dies ist der Weg zum Glück. Alle die es euch wegnehmen wollen, sind unsere Feinde. Doch der Feind wird mit Weisheit und mit ihren Blumen beseitigt werden. Dies ist unser Weg. Die Prediger des Todes beten die Nekrophilie an. Alles was gegen das Leben ist. Die Erfinder großer Werke wohnen abseits von den Marktplätzen der Welt, weit weg von Hurerei des Gottes Mammon. In den Wäldern zu leben bringt Seligkeit. Die Städte voller überflüssiger Kreaturen. Zu viele Henker wollen da einem das Leben nehmen. Schlamm bewohnt die Seelen in den Städten. Die meisten Frauen haben ihre Weiblichkeit umgebracht. Sie sind zu Herren geworden in ihrem Inneren. Sie haben ihre weibliche Schönheit verkauft für Ruhm und Anerkennung der Welt. Zum Tiere gehört die Unschuld, die Frauen sind nicht mehr Unschuldig. Nicht mehr zur Herde anzugehören bringt Klage und Schmerz zugleich. Der Dolch der Herde möchte dann töten den Aussteiger und Negierer ihrer alten Tafeln.

„Wenn ein Weißer in unser Land kommt und hungrig ist, so geben wir ihm Speise und Trank und verlangen nichts dafür. Kommt aber eine Rothaut in ihre Häuser, um etwas zu essen, so heißt es zuerst, wo ist dein Geld? Und hat der Arme nun keins, so wird er vor die Tür geworfen. Solche Sachen habe uns unsere Mütter gelehrt, als wir noch Kinder waren."

Indianer

Der größte Feind des Menschen ist der Despot und die Unbewusstheit in seinem inneren Wesen. Der Schaffende geht stets die Wege des Lebens alleine. Deswegen erschaffen sie Götter der Blumen in ihren Werken. Die gewöhnlichen Menschen verachten sich in ihren gewöhnlichen Beziehungen. Ja, der Schaffende neuer Werke muss das alte Verachten. Sonst kann er nicht zu neuen Ufern schwimmen. Zugrunde geht der Schaffende in ihrer kalten, eisigen Welt. So ist es der Welt Lauf. Tränen der Vereinsamung gehören zu Gottes Lächeln. In diesen Tränen kann man den Schöpfer aller Welten näher kommen.

„Und erst, wenn ihr mich alle verleugnet habt, will ich euch widerkehren. Wahrlich, mit anderen Augen, meine Brüder, werde ich mir dann meine Verlorenen suchen, mit einer andern Liebe werde ich euch dann lieben."

Also sprach Zarathustra

Nicht nur der biologischen Fortpflanzung soll das Leben dienen, sondern dem Widmen der geistigen Höhe. Die Überflüssigen ehren nur das Biologische und Animalische im Leben. So, saget mir, wie kam die Liebe zum Gold zum höchsten Werte? Diejenigen, die zum Gold gefunden haben, sie sind die Gründer dieser bestialischen Welt. Was soll ich bloß tun? Mich ihrer Welt entziehen? Wird diese Heilung bringen? Gold ist der höchste Wert und nicht die Liebe zum Leben, welch ein dunkles Schicksal für die Sehenden und Schaffenden. Zu viel Liebe ist in mir, zu geben sind noch viele Werke, doch das Kreuz wartet ungeduldig meines Körpers.

„Also vergingen dem Einsamen Monde und Jahre, seine Weisheit aber wuchs und machte ihm Schmerzen durch ihre Fülle.“

Also sprach Zarathustra

Verwundet bin ich von ihrer schnellen Welt, die Technologie tötete unsere Romane des Lebens. Wo sind die Leidenden, die mir Ärzte werden können? Ich verlernte das Schweigen in der Stille, in der Einsamkeit. Da ist Fülle überall, wieso sehen die Menschen dies nicht? Die fernen Meere, so nah in meinem Herzen. Die Tränen so weit. Ich sehe Menschen voller Triebe, die alles für die Befriedigung dieser Triebe unternehmen. Dies ist die größte Erbsünde.

„Und den Herrschenden wandt ich den Rücken, als ich sah,
was sie jetzt Herrschen nennen. Schachern und Markten um
Macht, mit dem Gesindel."

Also sprach Zarathustra

In die Höhe darf die Seele nicht in ihren Großstädten fliegen. Süß riecht es dort, doch bitter der Nachgeschmack allem Tuns. Voller Mitleid sind meine Augen mit ihrer Welt. Doch so ertrinke mein Geiste, die Gesundheit so gehet mir verloren. Überall, wo die Masse ihre Finger im Spiel hat, dort werden keine schönen Werke geschaffen. Alles Wasser vergiftet. Ihr Wasser unrein, ihr Gelächter verachtend. Das heilige Wasser, welches allen Wesen das Leben schenkt, ist vergiftet worden. Ihre Leidenschaften sind nur Projektionen ihrer schmutzigen Träume. Ihre Lüsternheit vergiftet die poetische Sprache. Das Gesindel, welches man Gesellschaft nennt hasst die Schönheit. Das Markten um Macht ist ihre einzige Religion, ob im kleinen oder großen Sinn. Die Nase halten, mich ekelnd laufe ich durch ihre tötenden Städte und deren Marktplätze.

„Steigen will das Leben und steigend sich überwinden."

Also sprach Zarathustra

Die Masse ist nur auf der Suche nach Lustbefriedigung. Ich laufe am Volk vorbei, ihre Blicke sind voller Hass. Ihren Seelen fehlt es an Honig. Sie haben Gesetze erstellt um meine Kreuzigung legitim der Welt zur Schau zu stellen. Ich spucke auf ihre Gesetze. Die Prediger der Gleichheit sind Lügner der Menschheit. Es gibt die Liebenden und die Unbewusste Masse. Geist ist das Leben, und nicht nur die Materie wie in weißen Welten. So möchte ich alle schönen Geister zum Tanze bitten, das Leben ist ein Festschmaus. Mit Tränen in den Augen bitte ich zu den letzten Tänzen auf dieser Seite der Welten. Die schönsten Lieder singe ich dazu in meinen Werken. Oh Leben, in deinen Augen sah ich das Unergründliche. So vergebt meine Tränen der Traurigkeit. Freude und Traurigkeit zugleich wie bei Gautama Buddha.

„Ach, wohin soll ich nun noch steigen mit meiner Sehnsucht. Von allen Bergen schaue ich aus nach Vater und Mutterländern."

Also sprach Zarathustra

Die Mahlzeiten, welche sie in den Großstädten anbieten sind die Eingeweiden des Hasses in ihnen. Sie wurden mit ihren lüsternen Gedanken gekocht. Wenn man zu einem Seher wird, sieht man zu viele Dramen auf Erden. Die Reichen und Mächtigen vergewaltigen die Armen, jeden Tag. Wenn man kein Seher ist, widmet man sich dem leeren Vergnügen und Unterhaltungen der Welt und macht so ob, als die Welt in Ordnung wäre. Die großen Menschen der weißen, sind alle niedrige Menschen. So behielt ich mein Indianerdasein viele Leben lang. Es ist schwer mit niedrigen Menschen zu leben, jene die Stille nicht kennen. Ja, die stillsten Worte sind es die ein Wesen zum Tempel der Liebe lenken. Diese stillen Worte lenken die Welt.

„Ich ein Kriecher? Niemals kroch ich im Leben vor Mächtigen,
und log ich je, so log ich aus Liebe. Deshalb bin ich froh auch
im Winter Bette.“

Also sprach Zarathustra

Die Gläubigen Menschen blicken nach oben, wenn sie zu Gott beten, und ich sehe hinab weil ich bei den Göttern wohne. Wenn man bei den Göttern wohnt, dann wird man traurig über die Welt da unten bei ihnen. Lustvolle Begierden regieren ihre Welt, hier bei den Göttern widmet man sich den göttlichen Begierden. Voller Reinheit und Unschuld. Mal kommen Tage wo ich hinuntersteige in ihre Welt. Ich gehe durch ihre Marktplätze und halte die Augen offen. Ihre Augen vergeben mir nicht. Sie reden von mir, doch sie denken nicht an mich in Liebe. Sie möchten, dass der Lärm ihrer Marktplätze mein Herz verdunkelt, damit ich genauso wie Sie werde. Deswegen bin ich einer von den seligen Verlassenen. Meine Hände sind zu Rein, um irgendetwas auf ihrem Markte zu erwerben. Dort riecht es Übel und der Lärm macht krank das ruhige Herz, ihre selige Stille.

„Also will es die Art edler Seelen, sie wollen nichts umsonst haben, am wenigsten das Leben. Wer vom Pöbel ist, der will umsonst leben, wir anderen aber, denen das Leben sich gab, wir sinnen immer darüber, was wir am besten dagegen geben."

Also sprach Zarathustra

Die Liebenden, so sollen sie streben nach dem Neuen. Zerbricht die Tafeln der Frommen, soll es heißen auf allen Tafeln. Die Frommen sind die Prediger des Todes. Mutter Natur leidet wegen ihnen. Auf Unrecht sind erbaut worden ihre Gesetze. So gehet fort wenn sie euch kreuzigen wollen, und glaubt mir, das werden sie. In ihrer Welt gibt es keine Hoffnung, da ist kein Platz für das Schöne. Sie loben das Gold und verneigen sich vor ihm. Tot ist das Gold, ohne Leben. Die Guten sind die wahren Bösen, jene die im Namen des Guten reden. Achtet darauf. Sie werden die Liebenden hassen, ihre Vorfahren taten dies bereits zu allen Zeiten. Wenn du ihre alten Werte hinterfragst, wirst du zum Ketzer werden. Sie werden dich einen Verbrecher nennen, und die ganze Welt wird gegen dich sein, doch der liebende Schöpfer wird mit dir sein. Sie werden kreuzigen, die Liebenden, welche neue Werte auf neue Tafeln schreiben.

„Ach was, sagte Pippi. Wenn das Herz nur warm ist und schlägt, wie es schlagen soll, dann friert man nicht."

Pippi Langstrumpf

Ich warte Sehnsüchtig auf den Tag der Kreuzigung, der Prozess ist am Laufen. Wann kommt nun endlich meine Stunde, wann wird sie schlagen? Ist dies nun der Dank, dass ich zurück kehrte vom Tempel der Liebe, zurück in ihre Welten? Doch was soll ich sagen, die Liebe in mir war zu groß, sie musste geteilt werden. Der Dank dafür ist das Kreuz. Nun warte ich in der Zelle auf Erlösung.

„Am besten, ihr geht jetzt nach Hause, sagte sie zu Tommy und Annika. Denn wenn ihr nicht nach Hause geht, könnt ihr ja nicht wiederkommen. Und das wäre schade."

Pippi Langstrumpf

Alle Bäche liefen mir nach, sie wollten, dass ich von ihrem Wasser trinke. Doch geht nicht der Durstige zum Wasser? Wieso war es in meinem Falle genau das Gegenteil? Doch im Leben geht alles Davon, und alles kommt wieder zurück. Ewig rollt das Rad des Seins. Alles stirbt, alles blüht wieder an anderen Orten auf. Jeder wie er es mag Verdiene. Der Mensch ist das grausamste Tier, so wird er wieder als Mensch geboren werden, da die Tiere voller Unschuld sind. Selig sind diejenigen, die in zukünftigen Leben als Tier geboren werden. Es ist eine Art Krönung für ein schönes Leben. Ja, ich bin der Ankläger ihrer Welten. Wie sie bisher gelebt haben brachte keinen Frieden, brachte keinen poetischen Gärten voller Liebesblumen. Der kleine Mensch, in Gestalt der Reichen und Mächtigen sind eine Last für diese Erde. Genesende werden aus den Lotusblumen geboren, aus dem Schlamm. Mein Hund weint bittere Tränen, er ist der treue Geist, der meine Bücher verstand. Er diktierte mir Gedichte und ich schrieb sie zu Blatt. In seine Augen schauend, schrieb ich die Romane der Welten. Seine Blicke sind voller Melancholie, wie Gott, der einem mit seiner gütigen Liebe dient.

„Singen, mit brausendem Gesange, bis alle Meere still werden, dass sie deiner Sehnsucht zuhorchen."

Friedrich Nietzsche

Oh Leben, in deine Augen verliebte sich dieser arme Wanderer. Mein Herz stockte bei deinem wunderschönen Anblick. Bei dir suchte ich Zuflucht an dunklen Tagen und verstand, dass du der dunkle Tag eigentlich selbst bist. Du zeigtest dich in verschiedenen Facetten. Die Technologie von heute und ihre Priester, die Wirtschaftsgesetze und ihre Wirtschaftsleute, sie hassen dich. Sie tun alles um dich zu zerstören. Ihr Intellekt spaltet die Einheit des Lebens, die Weiblichkeit allen Seins. Ja, ich tanze dir nach, voller Lobeslieder. Ja, ich war deiner Liebe nicht gerecht, dass weiß ich. So vergib mir und wenn auch du mich kreuzigst, so halte ich meinen Kopf willig hin. Von dir lasse ich mich gerne töten, doch nicht von der Masse.

„Ich trachte lange nicht mehr nach Glücke, ich trachte nach meinem Werke."

Friedrich Nietzsche

Unter Ziegenhirten fühlte ich mich sehr wohl. Lieber mit ihnen, als mit dem Pöbel, welches man Gesellschaft nennt. Ja, der Feinfühlige, zarte, weibliche, kindliche Mensch soll auf Erden eines Tages Herr werden. Der Sieg der Blumen über den Steinen soll geschehen, baldig. Gelobt sein soll dieser Tag, an dem die kalte Vernunft zum ersten Mal auf Erden verliert. Alle Schaffenden reden das Wort hart. Sie reden nicht um den heißen Brei. In der Liebe der Intellektuellen zu ihren billigen Schriften kann ich ihre Verachtung gegen sich selbst und gegen das Leben lesen. Sie sind Diener der regierenden Herren. Wie schön, sich vor diesen Wesen zu Ekeln. O, Lebe lang oh Ekel gegen die Intellektuellen und Gläubigen. O, leb lang heiliger Ekel.

„Mein Reich ist nicht mehr von dieser Welt, ich brauche neue Berge."

Friedrich Nietzsche

Stets auf Seelenwanderung zu sein ist schön und doch an manchen Tagen ermüdend. Von jedem Winde gewirbelt und vom Regen geliebt zu werden ist wunderschön. Ich schreibe und rede zu allen, und doch rede ich zu keinem. Deswegen müssen Liebende die Schauplätze der Masse verlassen. Denn dort sind die kleinen Leute der Welt, die Herren. Siehe Politiker, Priester, Konzernchefs und Menschen der Ober und Mittelschicht. So muss man Verabscheuen und Verachten diese Schauplätze, wenn man zur Liebe aufsteigen möchte. Des poetischen, weiblichen Menschen größte Gefahr ist die verdammte Masse.

„Hütet euch vor den Gelehrten. Die hassen euch, denn sie sind unfruchtbar. Sie haben kalte, vertrocknete Augen."

Also sprach Zarathustra

Die größten Feinde der Masse sind die schönen Geister, die Tränen wie auch Freude zugleich in den Augen haben. Jene, wie die Kindlein geworden sind. Wieso sie mich angeklagt haben? Meine These ist, dass das Leben stets in Bewegung ist. Doch ihre Art in ihrer Zivilisation zu leben ist statisch. Alles ist auf Besitz und Reichtum aufgebaut. Diese Eigenschaften sind die höchsten Götter in ihrer Welt. Konditioniert ihre Geister dort. Sie sind gefangen in verschiedenen Glaubenssystemen, die alle gegen das Leben laufen. Sie ehren das künstliche Selbst, welches all das Böse in der Welt hervor bringt, da es die Einheit des Lebens spaltet.

„Was wir im Innern sind, haben wir nach Außen in die Welt projiziert."

Jiddu Krishnamurti

Sie wollen meine Kreuzigung. Wer sind sie? Es sind die Intellektuellen, dir Religiösen, die Habgierigen, die Machtsüchtigen, die Geistlichen, die Politiker und alle guten Menschen, die diesen Götzen gehorsam sind, ihnen aktive und passive Unterstützung geben. Um es in einem Satz zu beschreiben, jene die gegen die Schönheit und Einheit des Lebens sind. Ohne Selbsterkenntnis keine Schönheit im großen Plan. Solange die intellektuellen Gesellschaften weiter nur im Verstand leben, wird es an diesen Orten keine Liebe geben. Und erst wenn Liebe herrscht, werden alle sozialen Probleme gelöst werden, und alle Führerfiguren und institutionellen Gemeinschaften werden verschwinden.

„*Ob sie in ein Gotteshaus, Tempel oder Alkohol trinken, es macht keinen Unterschied.*"

Jiddu Krishnamurti

Die Menschen möchten dauerhaftes Vergnügen. Den eigenen Schatz möchte niemand finden. Traurige Augen löst dies in meinem Gesichte aus. Horten, Festhalten ihre Lebensgötter. Tränen benetzen das Papier worauf ich schreibe, sie sind der Masse gewidmet. Das gegenwärtige Denken der Mehrheit hat all das Chaos geschaffen, in der gegenwärtigen Welt. Denken kann nur Konflikte bringen, und wenn es ein starres Denken wie der westliche Intellekt ist, der sich von Christoph Columbus ernährt, das Schlimmste von allen. Die reine Hölle. Die Schulen hier an diesen traurigen Orten führen keine Intelligenz herbei. Es nährt bloß den toten Intellekt. Das Herz wird vergewaltigt bei all dem Erwerb um Intellekt. Weil jedes Kind in den Schulen zu Ehrgeiz, Habgier, und Erwerb von Besitz erzogen wird, führt dass im Kollektiv zu Gewalt, Destruktivität und Aggression.

„Die Gesellschaft, in der wir leben, zwingt uns aggressiv zu sein. Jeder kämpft für sich, jeder strebt nach einer Position, nach Macht und Status. Jeder denkt nur an sich.“

Jiddu Krishnamurti

Man sagt den Kindern, dass man im Leben kämpfen soll. Geht es noch? Welche eine kranke Einstellung. Diese Menschen nenne ich die Mörder der Kinder. Sie haben es auf das Funkeln in den Augen der Kinder abgesehen, auf den schönsten Schöpfer aller Schönheiten. Das Leben bedeutet, Tag für Tag zu sterben. Allen Besitz, alle Erinnerungen, alle Erfahrungen, die Vergangenheit loszulassen. Wie kann man dann eure Welt schön nennen, die genau das Gegenteil auslebt. Wohin nur mit euch niederen Wesen? Tyrannisch sind eure Beziehungen. Besitzergreifen euer Erstreben, voller Eifersucht, voller Angst. Zur göttlichen Liebe könnt ihr auf diese Art und Weise nicht gelangen, so viel ist sicher.

„Wo es ums Besitzen geht, kann niemals Liebe sein. Besitzen zerstört die Liebe."

Jiddu Krishnamurti

Die Logik, so soll verschwinde, so schnell auf Wegen, von dieser Welt. Lagos regiere. Küsse die Füße des Heraklit. Seine Wege voller Einsamkeit und Schönheit zugleich. Im Namen des Geldes regiert die Logik. So, nichts wisse von Liebe ihre Rationalität. Sozial angepasste Maschinen sind ihre Wesen geworden. Fremd ist bei ihnen in völliger Freiheit zu wachsen. Weder die Regierung dieses Landes und weder die Lehrer möchten eine schöne Welt. Sie wollen, dass alles so bleibt wie es schon immer war. Dies ist Götzendienst. Die Verehrung und Anbetung des Alten. Die Gesellschaft und die Regierung achtet darauf, dass man Ehrgeiz und Neid als natürliche Bestandteile des Lebens akzeptiert. Es geht ihnen nicht um eine neue Art zu leben. Und deshalb werden alle nach den Richtlinien des Alten und Konservativen ausgebildet. Wie sollen da nur schöne Blumen gedeihen?

„Wenn der Gouverneur kommt, verneigen sich alle.“

Jiddu Krishamurti

Der Ehrgeizigste Mensch ist der Ängstlichste von Allen. Er ist innerlich leer. Er mag diese Leere mit Leistungen verbergen. Man hat Angst davor ein Nichts zu sein, und von einer Grund auf kranken Gesellschaft nicht angenommen zu werden. Deswegen all die Kämpfe um Position und Status im Berufsleben. Ein Mensch steht unter einem Anderen, und ein anderer Steht über einem Anderen. Wie hässlich ist dies nur. Dies muss die Hölle auf Erden sein. Es ist ein ständiger Kampf in eurer Gesellschaft. Und diesen Kampf bezeichnet ihr als Ehrgeiz. Hinter schönen Worten versteckt ihr alles Böse Treiben, um die Schönheit zu zerstören. Jeder möchte etwas werden. Und am Ende werdet ihr zu purem Hass. Das lehrt eure Gesellschaft.

„Mein größter Wunsch, so solle sein. Oh es lebe, alle schönen Bücher in diesem Leben zu lesen, bevor der Tod mich von ihnen trenne. Alle schönen Lieder zu singen und zu hören, von allen Engeln dieser Welt. Dies ist mein größter Wunsch, mehr benötigt es nicht, o Schönheit aller Welten."

Burak Tuncel

Niemand mag aus den Tiefen des Lebens schöpfen. Wo sind nur jene Geister, die mich verstehen können? Oh welch Schicksal, eine andere Sprache als die Masse zu reden. Unverstanden meine Worte und Sätze. Voller Ignoranz und Arroganz die weiße Spezies. Sie möchten nicht, dass meine Bücher große Anhängerschaft findet. Deswegen kreuzigen sie mich nun. Ihre Kreuzigung mein größter Preis, dass dieses Leben ein Wunder war. Ja, die Menschen möchten ihre Persönlichkeit entwickeln um barbarischer zu werden, doch niemand denkt darüber nach zur Liebe aufzusteigen, zur Liebe zu werden. Das Leben ist ein Ganzes, es ist nicht gespalten. Wieso habt ihr dann Nationalitäten errichtet? Der unschöpferische Mensch ist ein armer Mensch. Schöpferisch zu sein kann man nicht kaufen. Doch ihr denkt, man kann mit Geld alles kaufen. Wie sehr ihr euch täuscht. Was soll ich euch noch sagen? Wörter sind nicht genug. Solange ihr euer Ichbezogenes Handeln nicht aufgibt, wird eure Welt sich weiterhin im Dreck wälzen.

„Ich behaupte, dass die Wahrheit ein pfadloses Land ist und dass es keine Pfade gibt, die zu ihr hinführen. Keine Religion, keine Sekten. Die Wahrheit ist grenzenlos, sie kann nicht konditioniert werden. Der Glaube ist eine absolut individuelle Angelegenheit und man kann und darf ihn nicht in Organisationen pressen. Falls man es tut, wird es zu etwas Totem, Starrem."

Jiddu Krishnamurti

Ständige innere Revolutionen können nur zu den Blumen des Lebens führen. Traditionen hinter sich zu lassen. Die mystische Vereinigung ist in der göttlichen Quelle versteckt. Die Menschen werden mehr und mehr zum Terror dieser Welt. Menschen zerstören Seelisch einander. Sie spalten die Schönheit des Lebens durch Klassen und Nationalitäten. Wieso ist der Mensch nach Jahrmillionen der Evolution immer noch im Elend Zuhause? Wieso werden die Kinder nicht in der Würde ihrer einzigartigen Ganzheit ihrer Seele erzogen? Wieso haben die Menschen keine Ehrfurcht vor dem Leben? Gedrängt wurde ich in die Isolation, weil ich diese Bücher schreibe und das prophetische Wort aussprach. Den Menschen wird Angst gemacht, deswegen leben sie in der Sklaverei.

„Es besteht kein großer Unterschied zwischen einem Menschen, der Alkohol trinkt, und einem Mann, der zu religiösen Büchern Zuflucht nimmt, zwischen denen, die in das so genannte Gotteshaus gehen, und denen, die ins Kino gehen, denn sie alle sind auf der Flucht."

Jiddu Krishnamurti

Wieso werden viele von den Menschen trübe, unempfänglich für Freude, für Schönheit, für den weiten Himmel und die wunderbare Erde? Die Geister der Herde fühlen sich minderwertig und deshalb all die Konflikte der Welt. Das Leben der Intellektuellen ist von Besserwisserei geprägt, voller Wort und Theorien darüber, was richtig und was falsch ist. Der Intellekt ist scharf doch innerlich gibt es sehr wenig Substanz oder Sinn im Geist. Die Intellektuellen und Akademiker betrachten die Welt als etwas was man konsumiert und vergewaltigt.

„Ja, lass uns nüchtern und wachsam sein, lass uns auf Gott vertrauen mit unserem ganzen Herzen und uns nicht auf unseren Verstand verlassen. Lass uns von ihm erbitten, dass er uns zwingt, zu ihm zu kommen, dass er uns ermögliche, das Leben eines Christen zu vollbringen, dass er uns lehrt, uns selbst zu verleugnen, unser Kreuz täglich auf uns zu nehmen und ihm nachzufolgen. Sanftmütig, geduldig und demütig im Herzen zu sein."

Vincent Van Gogh, Briefe

Die Menschen draußen sind wie Bettler. Sie sind bettelarm. Sie besitzen keine Liebe, welche sie Austeilen können. Deswegen möchten sie umso mehr Materielles horten um ihr Bettlerdasein zu verbergen. Die Menschen klammern sich an tote Materie, in der Hoffnung auf Erfüllung. Doch auf diese Art und Weise zu leben und in solch einer Kultur zu leben führt zu Krieg und Chaos. Nein, keine schönen Augen haben die Menschen mehr. Sie sind tot. Keine Blumen winken aus ihren Augen zu anderen Wesen. Nur wer teilt und gibt vermehrt seine schönsten Schätze. Wieso teilen die Menschen nicht mit allen? Wieso denken sie, dass man für immer und ewig leben wird? Dieses Leben ist nur geborgt, doch warum dann all dieses Horten? Wenn doch diese Welt nur geliehen ist, wieso wollen die Menschen diese dann zu Eigen machen?

„Der Weg, der zum Leben führt, ist schmal, und wenige sind es, die ihn finden. Ringet, um durch die enge Pforte hineinzugehen, denn viele werden hineinzukommen trachten und werden es nicht können."

Vincent Van Gogh

Um was geht es in meinen Stücken und Büchern? Ich rede vom Buch der Schönheit und stelle es zur Schau auf der Bühne. Es geht um die Rebellion der Armen gegen die Reichen. Der Kampf zwischen der Schönheit gegen das Starre, Tote. Die Blumen gegen die Steine. Das Weibliche gegen das Männliche. Es ist das Weibliche, welches siegen wird am Ende des Stückes, ob früher oder später. Meine Werke sind Liebesbriefe, die an die Geliebte adressiert sind. Ich schreibe im Wissen, dass sie nicht ankommen werden. So kümmere ich mich nicht um die Adresse. Ich sende einfach weiter Liebesbriefe. Irgendjemand wird sie irgendwo erhalten. Umso mehr ich diese Liebesbriefe verteile, umso mehr Segen werde ich aus unbekannten Quellen erhalten. So schön ist das Leben, für den Gebenden und Schaffenden. Diese Quellen sind nicht offensichtlich, doch sie beschenkt einen mit Würde und Anmut wenn man dem Geben willen treu ist.

„Der Menschensohn ist nicht gekommen, damit er sich bedienen lasse, sondern damit er Diene. Und wir, die seine Nachfolger und Christen werden wollen, wir sind nicht größer als unser Herr. Selig sind die Armen im Geiste, selig sind die, die reinen Herzens sind."

Vincent Van Gogh an Theo Van Gogh, Briefe

Der Herbst meiner Tage steht vor der Tür. Es ist ein Jammer, dass die Menschen nicht um die Liebe wissen. Ganz selten kommt es vor, dass Menschen von der Liebe erfahren. Ja, es wird viel von ihr gesprochen, doch dies war es aber auch. Liebe ist die Nahrung des Geistes, und eine Gesellschaft die nur auf Geld und Ruhm fokussiert ist, verhungert im kollektiven Plan. Deshalb ist eure Welt ausgehungert. Ihr lebt in Luxus und Überfluss, welches ihr geklaut habt, doch eure Herzen sind tot. Das kindliche, die süße Frucht des Lebens wird nicht respektiert. Die Eltern haben nie erfahren, was Liebe ist, so wird das Unschöne weiter gegeben. Liebe ist wie eine zarte Blume, sie muss beschützt werden vor den habgierigen Seelen.

„Das Reich Gottes kommt nicht mit äußerlichem Antlitz, das Reich Gottes ist in Euch."

Vincent Van Gogh, Briefe

Wieso sieht man in den Augen der meisten Menschen keine Dankbarkeit für das Wunder des Lebens, welches uns gegeben wurde? In einer Welt voller Ehrgeiz und Wettbewerb kann es keine Dankbarkeit geben. Man kann Liebe nicht bekommen, man kann sie nur geben. Doch jeder ist mit dem Horten beschäftigt. Die Kultur, in welcher wir leben, hat eine Kultur des Bekommens und Hortens gegründet. Jeder möchte handeln, doch nicht lieben. Auf dem Marktplatz hat man keinen Sinn für die Liebe. Überall Geschäftsleute, weiße Menschen voller Lust nach Geschäft, nicht nach Schönheit.

„Ohne Hund wäre mein Haus sauber, mein Portemonnaie voll, aber mein Herz wäre leer."

Anonym

Alles was schön ist, hat nichts Geschäftliches an sich. Schönheit kann man nicht kaufen. Es ist unverkäuflich. Die Bäume und Meere kennen es nicht Geschäfte zu machen. Die Sterne strahlen, ohne dafür etwas zu verlangen. Die Vögel singen die schönsten Lieder, und machen sie doch kein Geschäft daraus. Wir Liebenden singen auf Erden unsere Lieder und Werke und fliegen dann wieder davon, ohne eine Spur zu hinterlassen. Ohne die zweite Geburt erlebt zu haben, sind alle Tätigkeiten ohne jeglichen Wert. Unsichtbare Blumen die ganze Zeit vor meinen Augen, wieso sieht die Masse dies nicht? Sie haben Scheren in der Hand um die Blumen von der Wurzel zu entfernen. Die Liebe kommt wie eine frische Brise. Sie duftet und geht wieder wenn der Zeitpunkt gekommen ist. Doch die Menschen wollen sie festhalten und einsperren.

„Ein Hund entscheidet sich einmal für den Rest seines Lebens. Er fragt sich nicht, ob er wirklich mit uns alt werden möchte. Er tut es einfach. Seine Liebe, wenn wir sie erst verdient haben, ist absolut."

Picasso

Das arme Herz des Menschen. Muss sie mir nicht leid tun? Vor langer Zeit lebte es in der Mitte des Körpers der Menschen. Heute ist es ein Bettler an den Straßenrändern dieser Welt. In der Gesellschaft hier hat der Kopf das Sagen. Sonst würden wir in einer schönen Welt leben. Das Herz würde niemals eine destruktive Technik und Welt unterstützen. Es ist Diener des Lebens, nicht des Todes.

„Als die christlichen Missionare in den Osten kamen, entdeckten die Orientalen, dass diese Leute nur eine einzige Position beim Sex kannten. Die Frau lag unten, und diese hässlichen Biester waren oben auf der zarten Frau. Daher stammt die Bezeichnung, „Missionarsstellung."

Osho

Meine Worte sind für schuldig gesprochen worden. Der Zeit voraus zu sein ist die größte Straftat auf Erden, schon immer gewesen. Auf euren Marktplätzen, da liebt man nicht. Man hält die Begierde für Liebe. Der weiße Verstand gibt hässlichen Dingen schöne Namen. Ihr seid Verräter der Schönheit. Begierde ist etwas hässliches, es nutzt nur die Sache zum Zweck. Man tötet das Lebendige. Eure Welt benutzt die Menschen zum Zweck des Profits. Man benutzt die Menschen und wirft sie dann weg. Die Liebe macht alle Reich. In eurer Begierde ist das hässliche Ego zu sehen. Ein intelligenter Mensch kann eurer Welt nicht gehorsam sein. Es würde die Schmetterlinge in ihm töten. In euren Beziehungen geht es nur um Besitzansprüche. Liebe stammt aus spirituellen Welten, eure Begierde aus körperlichen Niederheiten.

„Im Frühling Hunderte von Blumen, im Herbst ein Erntemond. Im Sommer eine frische Brise, im Winter Schnee. Wenn nichts Unnötiges in deinem Geiste hängen bleibt, ist jede Jahreszeit eine gute Jahreszeit."

Zen Gedicht

Alle Gesellschaften basieren auf Unterdrückung des kindlichen, und Weiblichen. Wer lachend sterben kann, der ist ein schöner Mensch. Keine Gesellschaft lässt zu, dass man Geistig erwachsen werden kann. Der Grund ist, dass ein schöner Geist, gefährlich für die sozialen Strukturen ist. In Tempeln und Moscheen und auf Standesämtern werden nur eure Körper miteinander verheiratet. Eure Seelen bleiben meilenweit voneinander entfernt. Alles im Kapitalismus ist dem Tode gewidmet. Es duftet dort nicht nach Leben, nur nach Geld. Es gibt keinen wahrhaftigen Tanz, keine Freude, keinen Gesang. Alle Lieder sind verstummt, alle Freude tot. Es gibt dort keinen Grund zu tanzen. Das Wahre zeigt sich nur in der Stille. Eure Welt ist im Chaos verankert, laut und sinnlos. Es sollte keine Ehen geben, sondern nur Liebende. Alles in der Existenz ist polygam. Monogamie bedeutet Starrheit.

„Das zärtlichste Wesen auf der ganzen Welt ist ein nasser Hund."

Ambrose Bierce

Wo ist das ästhetische Bewusstsein geblieben in der Welt, das Edle? Die Zarte Musik in den Seelen. Wo? Es heißt, alles Komme zu seiner Zeit, doch die Zartheit in den Seelen mag nicht kommen. Ja, Menschen die nicht die Liebe kennen, sie stinken. Ich meide ihre Gegenwart und wechsele die Straßenseite. Frage niemals eine Wolke, wohin mit ihr. So sind auch wir Liebenden. In der Logik sind wir nicht Zuhause. Der Wind kommt von selbst, und die Existenz kümmert sich um alles. Der Weg des Wassers ist unser Weg. Wir sind Kinder des Lebens, es ist unsere Mutter und Vater. Die Masse vertraut nicht auf das Leben, sonst wäre ihre Welt eine Schöne.

„Alles was lebt, ist liebenswert."

Albert Schweitzer

Um in dieser Welt erfolgreich zu sein, braucht man keine Liebe, es braucht ein hartes Herz und einen teuflischen, weißen Verstand. Das Herz muss auf dem Weg zum Erfolg der Welt auf dem Marktplatz getötet werden. Nur der Gebende gewinnt in der Liebe und im Leben. Liebe ist keine Beziehung, sie ist eine Geisteshaltung. Die höhere Mathematik des Gebens ist stets am Geben. Sie redet in Form der Mutter Natur. Es ist eine Katastrophe, schrecklich anzusehen, wie die Leute zum Standesamt gehen, um zu heiraten. Es ist so hässlich, so unmenschlich. Es zeigt einfach, dass sie sich selbst nicht vertrauen können. Sie lassen sich trauen, weil sie der Obrigkeit und der Behörde mehr trauen als sich selber. Es zeigt, dass die Menschen dem Gesetz vertrauen, weil sie ihrer Liebe nicht trauen können.

„Große Weisheit macht sicher und frei, kleine Weisheit ist Tyrannei. Große Rede, glänzende Pracht. Kleine Rede nur Worte macht."

Dschuang Dsi

Gehorcht nicht den Politikern, den Regierungen und den organisierten Religionen und deren Konzerne auf der Welt. Sie möchten, dass ihr auf eine einzige Weise denkt. So wie sie es für ihre Strukturen möchten. Ihr sollt arbeiten wie Maschinen, selbst Vieh hat mehr Freiheit als ihr. Alles Gehorchen ist destruktiv, weil es mechanisch ist. In der Konformität gibt es keine Schönheit. Lebt vollständig, Ganzheitlich. Die gegenwärtige Gesellschaft ist hässlich, ohne Sinn für Schönheit. Nur die Liebe führt zur rechten Handlungsweise, aber nicht die Liebe wie sie von den Konditionierten erzählt wird. Wann findet nur die Menschheit nach Hause? Solange sie die Liebe nicht kennt, wird kein Weg ihn nach Hause führen. Liebe widmet sich dem ständig Neuen. Gewohnheit tötet die Liebe.

„Die tiefe Stille der Hunde tröstet uns über die nutzlosen Worte der Menschen hinweg."

Jean Michel Chaumont

Die Gesellschaft ehrt die Eifersucht und den Neid. Alle Menschen die bei diesem Spiel mitmachen haben keine Liebe im Herzen. In der Liebe gibt es keine Gebundenheit. Wo Gebundenheit ist, dort kann keine Liebe existieren. Die Menschen sind stets auf der Flucht vor sich selbst. Ob sie zu Gott beten oder ins Kino gehen oder Alkohol trinken. Es macht keinen Unterschied. Sie sind alle vor der Flucht. Ja, die Masse aus Kot möchte keine Individuen, die hinterfragen. Sie passen nicht in die etablierten Sozialstrukturen, und so möchten sie uns beseitigen, die Liebe beseitigen. Das Vergangene wird stets geehrt von der Herde. Wieso widmen sich alle nur dem Lebensunterhalt, als sei es das einzige im Leben? Somit verpassen sie die Wunder des Lebens. Die Vögel, die Bäume, die Flüsse singen. Sie sind das Leben selbst. Wieso kein Interesse an diesen göttlichen Liedern? Wieso zieht es sie zu den künstlichen Liedern?

„Ein Mensch aber, der beobachtet, ist nicht faul, obwohl er vielleicht oft sehr ruhig dasitzt und die Bäume, die Vögel, die Leute, die Sterne und den stillen Strom betrachtet."

Jiddu Krishnamurti

Die gegenwärtig, verdorbene Welt ist das Werk des weißen Menschen, Mannes. Wieso passt ihr euch an? Wieso seid ihr zufrieden mit diesem Elend? In endlose Kriege ist die gegenwärtige Welt verstrickt. Es ist eine Welt von Rechtsanwälten, Polizisten und Soldaten, von ehrgeizigen Männern und Frauen, die alle nach Position anstreben und sich dabei bekämpfen. Sie töten die Kinder des Regenbogenlandes in ihrem hässlichen Erstreben nach Macht. Ihr werdet dazu erzogen, sich in diese Welt hineinzupassen. Sehr ihr nun wer die Bösen sind? Der Geist der meisten Menschen schläft, in der Tat. Ehrgeizige Geister können nicht aufsteigen zu liebevollen Welten. So kann es nur Freiheit geben, wenn der Geist nicht in Konflikt ist. Doch die Welt und deren Bewohner sind voller Konflikt. Sind in einem Zustand des Schlafes. Auf ihren Marktplätzen kann man Glücksgefühl und Vergnügen kaufen, zu jedem Preis. Doch wahre Glückseligkeit kann man nicht kaufen.

Trennung zwischen Nationen, wirtschaftlichen Teilungen, Klassen und Religionen. All das resultiert aus Images, Konzepten, Vorstellungen und das Gehirn klammert sich an diesen Bildern fest. Warum?"

Jiddu Krishnamurti

Intelligenz ist nur dort zu finden, wo es eine Rebellion gegen die ganze Gesellschaftsstruktur gibt. Intelligenz ist nicht Wissen. Die Akademiker sind verloren. Sie sind im Lande des Intellekts zuhause. Ja, die Wahrheit kann man nicht kaufen. Die Wahrheit entsteht nur, wenn der Geist still ist. Nur ein reines Herz kann eines Tages zur Schönheit finden. Abgestumpft sind die Gesichter der Intellektuellen Kaste. Sie sind gefangen im Verstand. Sie sind nachplappernde Grammofone. Ihre Bücher spielen stets die gleichen, alten Melodien. Doch die Liebenden begegnen dem Neuen mit dem Neuen. Sie sind auf Erden um die alten Muster der Welt zu zerstören.

„Während sie spazieren gehen, brechen sie vielleicht einen Zweig ab, streifen seine Blätter ab und lassen ihn fallen. Haben sie diese gedankenlose Handlung bei sich selbst nicht bemerkt? Erwachsene tun das auch, sie drücken ihre innere Brutalität, diese entsetzliche Missachtung des Lebendigen, auf ihre Weise darin aus. Sie sprechen über das Nichtschädigen, und doch ist alles, was sie tun, destruktiv. Die Erwachsenen sind in ihrem Ehrgeiz hässlich, sie schlachten sich in ihren Kriegen gegenseitig ab und korrumpieren sich mit dem Geld. Sie handeln auf ihre eigene grauenvolle Weise, und offenbar treten die jungen Leute hier wie anderswo auch in ihre Fußstapfen."

Jiddu Krishnamurti

Wieso haben die Menschen keine Ehrfurcht vor dem Leben, Oh Herr? Die ganze Schöpfung ist doch dein schönstes Gedicht. Wieso zerstören sie dann deine Blumen? Sie wissen einfach nicht um deine Mysterien, deswegen gehen sie rücksichtslos mit deinen Blumen um. Diese Art von Menschen sollen lieber tot sein anstatt zu leben, o Herr. Sie sind tot zu Lebzeiten. Ja, sie haben ihre drei Mahlzeiten am Tag, haben Arbeit, zeugen Kinder, fahren teure Autos und tragen schöne Kleidung, und doch sind die meisten Menschen tot. Empfindsam zu sein, scheint eine Utopie geworden zu sein.

„Sie sind vielleicht sehr klug, sie mögen alle Prüfungen bestehen, einen Doktortitel bekommen und in eine hohe Stellung aufsteigen, aber wenn sie diese Empfindsamkeit nicht haben, dieses Gefühl einfacher Liebe, wird ihr Herz leer sein, und wie werden für den Rest ihres Lebens darunter leiden."

Jiddu Krishnamurti

Glückliche Menschen, die wie die Kinder geworden sind. Sie beten nicht zu Gott. Denn dieses Glück selbst ist Gott. Die liebevollen Blicke sind weg gezogen in dichterische Länder. Sie sind hier nicht zusehen. Die Profi Sportler von heute, sie sind die größten Heuchler. Ihre Herzen sind hässlich. Sie sind Gehorsam dem Wettbewerb und ihrem unmenschlichen System. Alle haben sich verkauft für Papierfetzen welches man Geld nennt.

„Ein Mann, der liebevoll, der gütig ist, hat keinen Sinn für Macht, und deshalb ist ein solcher Mann an keine Nationalität, an keine Flagge gebunden. Er hat keine Flagge."

Jiddu Krishnamurti

Wie können sich die Menschen lieben wenn es Trennung gibt? Es ist unmöglich. Solange es Nationen, Klassen und Religionen gibt, kann die Einheit, welches das Leben von uns fordert nicht geschehen. Vergnügen und Verlangen wird keine Erlösung bringen. Sie nageln mich ans Kreuz weil ich die Religion des Vergnügens hinterfragte. Wenn es das „Ich" nicht mehr gibt, nur dann stehen wir in wahrer Beziehung zueinander. Wenn es keine Einheit gibt, dann gibt es Konkurrenz und Wettbewerb und das Wettstreiten um das Geld. Nach Macht zu streben wirkt isolierend und trennend. Die Gesellschaft wo wir leben basiert auf den Strukturen militärischer, industrieller und wirtschaftlicher Macht. Menschen sprechen über Brüderlichkeit und sind doch Nationalisten. Sie lügen, sie leben im Widerspruch. Die Wirklichkeit ist, dass die Menschen auf dem Marktplatz nach Macht, einen Titel oder eine einflussreiche Stellung erstrebt, und das alles wird mit wohlmeinenden Worten verschleiert. Jeder einzelne muss sich bewusst sein, dass die Welt in einem Zustand des Elend und der Zerstörung ist, weil die Menschen nach Macht streben und daher ständig in Konflikt mit sich und der Welt leben. Allein der Wunsch etwas zu sein, ist eine Form von Macht, die Isolation und damit Konflikt bringt.

„Zuhause ist nicht, wo das Herz ist, sondern wo der Hund ist."

J. Rose Barber

Das Denken ist die Verleugnung der Liebe. Es kann nicht den schönen Horizont am Himmel sehen. Er kann nicht die Gesänge der Liebenden hören. Er ist blind und taub. Deswegen lebt der weiße Mensch in einer tiefen Misere. Er hat sein Leben dem Verstand gewidmet. Dem teuflischen, kalten Verstand. Das Denken zerstört das Fühlen. Das Denken bringt nur leeres Vergnügen. Durch das Vergnügen wird die Liebe verdrängt. Das Denken ist leere Materie.

„Religion hat nichts mit Priestern, Kirchen, Moscheen, Dogmen oder organisiertem Glauben zu tun. Diese Dinge sind in keiner Weise Religion, sie sind lediglich gesellschaftliche Übereinkünfte, um uns in einem bestimmten Denk und Handlungsmuster festzuhalten. Es sind Mittel, um unsere Leichtgläubigkeit, Hoffnung und Furcht auszubeuten. Religion ist die Suche nach dem, was Wahrheit ist, was Gott ist und diese Suche erfordert enorme Energie, weite Intelligenz, subtiles Denken. In gerade dieser Suche nach dem Unermesslichen liegt die rechte soziale Handlungsweise, nicht in der so genannten Reform einer bestimmten Gesellschaft. Die Suche nach Wahrheit verleiht dem Geist eine explosive Kreativität.“

Jiddu Krishnamurti

Was heißt es an das Leben zu glauben, es zu ehren und ihm zu vertrauen? Es heißt aufgeschlossen zu sein für Schönheit und Hässlichkeit. Für den Esel, der an einen Pfosten gebunden ist, für die Armut und für den Dreck in der Stadt. Für das Lachen und das Weinen. Aus dieser Aufgeschlossenheit für die Ganzheit der Existenz entspringt Güte, Liebe und ohne diese Aufgeschlossenheit gibt es keine Schönheit, obwohl sie vielleicht sehr gut gekleidet sind, in einem teuren Auto fahren und mehrere Häuser besitzen. Nein, die Liebe kennt kein Objekt. Nur ein Geist, der wirklich liebt, ist ein religiöser Geist, weil er sich der Bewegung der Realität gewidmet hat.

„Wenn in ihrem Herzen keine Liebe ist, dann bleibt ihnen nur eine Sache, Vergnügen."

Jiddu Krishnamurti

Die Masse denkt intellektuell, mathematisch. Es gibt so viele Techniker auf der Welt. Sie denken mechanisch. Mechanische Leute können nicht kreativ sein. Dies ist ein Leben ohne Sinn. Maschinen können nicht fühlen. Sie haben keine innere, lebendige Schönheit. Keine Sanftheit. Ein flacher Mensch kann keine Schönheit sehen. Die Masse redet über Schönheit, doch hat sie keine Feinfühligkeit dafür, sonst wäre die Welt nicht in dieser Lage. Im Denken innerhalb der Konditionierung gibt es keine Schönheit. Menschen nutzen nur andere Menschen aus um ihrer eigenen Befriedigung willen. Es geht nicht um die Liebe. Menschen haben disziplinierte, gefesselte, kontrollierte Geister. In diesem Geisteszustand kann es keine Freiheit geben.

„Ein Leben ohne Hund ist ein Irrtum.“

Carl Zuckmayer

Wieso sind meine Werke den durchschnittlichen Menschen in meiner Epoche nur fremdartig? Wieso nennen sie mich rätselhaft? Es geht doch um die Fragen und Antworten um das Überleben der Schönheit. Das Ziel war die Einheit allen Seins zu beschreiben, nur Ventil war mein Körper und Geist für das göttliche Werk. Ja, es braucht Zeit, einfach Zeit. Um der natürlichen Welt zu lauschen, neue Dimensionen offenbaren zu lassen. Der Regen erinnert uns jeden Tag an die Verbindung zu ihr. Sie ist eine schöne Frau, in einem traurig, weinenden Rausch.

„Ein Mensch, der etwas erforscht, kann niemals zu einem Ergebnis kommen. Das Leben ist ein immens großer Strom, der unaufhörlich fließt und sich bewegt. Wenn sie diesem Strom nicht frei folgen, mit Entzücken, mit Sensibilität, voll großer Freude, dann werden sie nicht dessen ganze Schönheit sehen."

Jiddu Krishnamurti

Vögel flüstern, sie flüstern den Gesang der Freiheit, des Mondes. Sie lächeln zu uns mit ihren süßen Gesängen. Das Gesetz der Natur redet zu uns in hohen Symphonien. Doch die Menschheit mag einfach nicht zuhören. Sie bilden stattdessen begrenzte Gesetze und widmen sich dem kalten. Ja, die Liebenden erklären der Gesellschaft den Rückzug aus ihren Welten, weil sie ihrer schönen Seele folgen. Damit verstoßen sie gegen die herrschende Norm, weil sie mit dem Leben strömen möchten. Dieses Verhalten führt sie zur Hinrichtung durch die Gesellschaft. Doch selig ist uns dieses schöne Schicksal. Werden die Menschen bis ans Ende ihrer Tage in der Sklaverei verharren, oder werden sie sich eines Tages befreien? Die Augen der Liebenden stets zur Sonne gerichtet. Die Masse ist von niedriger Geburt, sie weiß nichts von den Klängen der Gesänge der Engel.

„Wenn wir gemeinsam aufs Meer hinaus blicken, in allen Himmelsrichtungen die Freiheit spüren, dann sind wir nicht mehr Mensch und Hund, sondern zwei verwandte Seelen."

Anonym

Der Gesang des Regens ist meine ewige Geliebte. Von den Göttern fallen gelassen aus dem Himmel. Sie trägt schöne Perlen an sich. Damit schmückt sie die Felder der Armen. Wenn ich weine, dann lacht sie mit mir. Der Regen und die Wolken sie meine Liebenden, und bei ihnen bin ich nur ein Bettler. Im Durste der Nacht trocknen sie meine Tränen und heilen meine Leiden. Die Stimme des Donners ist meine Kreuzigung, der Regenbogen verheißt meinen Aufbruch zu den anderen Ufern, wo die Dichter daheim sind. Die Botschaft des Regens ist stets ein Lied an die Liebenden. Alle können es regnen sehen, doch nur die Zarten und Sensiblen verstehen ihre Lieder. Die Tränen des Himmels sind selig. So ist auch unsere Liebe. Tränen kommen aus dem Reich der endlosen Schönheit.

„Mit einem kurzen Schweifwedeln kann ein Hund mehr Gefühle ausdrücken, als ein Mensch mit stundenlangem Gerede."

Louis Armstrong

Ja, ich trage Schmerzen um die Menschheit in meiner Tasche. Diese Tasche ist wie eine Perle von hinreißender Schönheit. Sie bringt mich zu den Gedichten der Bäume. Abgeschieden vom Geliebten zu sein ist wie ein leiser Sturm in mir. Doch diese Lebendigkeit namens Feuer pulsiert zugleich mit dem lebendigen Herz der Erde. Ja, ich weiß, ganz tief in meinem Herzen, dass meine Werke einen Beitrag leisten werden, dass eines Tages der Winter zum Frühjahr werden wird, ganz Gewiss. Doch, der Tag ist noch nicht gekommen, mein Leib wird zu Asche geworden sein, wenn dieser Tag kommen wird. Nicht heute, dafür ist ihr Marktplatz zu hässlich. Ja, es lebte in diesem Land ein Dichter und sein Herz glich einem Lotus. Er hatte den Menschen die Seele des Weiblichen gebracht, doch fand keinen Abnehmer auf dem Markt, da es keine Nachfrage nach einem Lotus gab. Künstliche Blumen wurden bevorzugt.

*„Die Augen eines Hundes sprechen eine besondere Sprache,
die direkt aus dem Herzen kommt."*

Unbekannt

Ich schaute zu den Menschen und versank im Schweigen. Was sollte ich denn noch sagen? Das Wort, trostlos geworden. Die Stimme der Natur flüsterte mir das Schweigen ins Ohr. So lieber Burak, es ist Zeit, gehe nun über zur Stille. Es ist nichts mehr zu machen für die Menschen. Sie wollen einfach die Gesetze der Schönheit nicht anerkennen. Sage endgültig nun Lebewohl dem Lichte des Tages. Der Mond, deine ewige Geliebte wartet auf dich im schönsten Kostüm der Nacht. Alle Ebenen der Welten sind schön geschmückt. Es ist Zeit, deine Hochzeit mit der Existenz naht. Die Luft ist parfümiert mit dem Geruch der Blumen. Du warst das Geschenk der Liebenden, du hast deine Mission mit Schönheit erfüllt. Nun ist es Zeit nach Hause zu kommen. Gebe auf nun, die Weisheit wird den Marktplatz der Menschen nicht erreichen.

„Doch wir finden's hier am besten. Segnen dankbar unsern Stern. Denn im Osten wie im Westen zeugt die Mutter Erde gerne."

Johann Wolfgang von Goethe

Eure Welten bringen einfach keine Blumen mehr hervor. Das Wasser eures Aquariums ist verschmutzt. Wer auch immer sich in dieses Wasser begibt, verliert seine Unschuld. Die Liebenden singen im Schweigen die schönsten Lieder. Nur wer unser Schweigen kennt, kann uns singen hören. Wie sonst sollten wir singen? Der Frühling beschert unsere Tische mit den schönsten Gedichten. Verrückt sind unsere Zeilen, zu viel Honig haben wir gesammelt. Austeilen möchte unsere Seele bis die Schönheit am Horizont gesehen wird. Unser Gesang ist für die Armen hörbar. Unsere Melodien ihre Nahrung. Gerne hätten wir Liebenden gewollt, die Menschen würden singen aus ganzem Herzen. Doch wo kein Herz, wo der Gesang?

„Der weiseste Mann, den ich je getroffen habe, wusste nicht, wie man liest oder schreibt."

Jose Saramago

Oh schöner Engel. Sprich zu mir, noch bevor mein Körper sich mit der Erde vereinigt. Meine Augen sollen ruhen für ewig auf deiner Schönheit. Diese Schönheit ist die Natur selbst. Deine Schönheit ist eine schreckliche Macht. Menschen fürchten sich sehr vor dir, der Schönheit. Ja, Schönheit ist das, was die Seele anzieht und was zu geben begehrt, statt zu nehmen. Die Schönheit singt das geheime Lied allen Seins. Dieses Lied wird gespielt werden bis die Existenz erlischt.

„Optimist kann eigentlich nur sein, wer gefühllos, dumm oder Millionär ist."

Jose Saramago

Nein, ich glaube es gibt doch kein dunkles Schicksal, es gibt nur das 21. Jahrhundert, und dieses Jahrhundert meine Lieben, lässt sogar einen Schmetterling Selbstmord begehen. Ich widmete mich ausschließlich der Dichtung und dem Schreiben. Einen Job gaben sie mir nicht, weil sie spürten, dass etwas mit mir nicht stimmte. Es war Zeit herauszufinden, was das Schriftstellern wert war. Nichts in ihrer Welt. Worte die vom Herzen kommen, können nicht gesagt oder geschrieben werden. Sie bleiben im Hals stecken, führen zu Tränen und können nur in den Augen gelesen werden.

„Die Natur allein ist unendlich reich, und sie allein bildet den großen Künstler."

Johann Wolfgang von Goethe

Woher kommt meine Kunst? Um ehrlich zu sein, ich weiß es nicht genau. Doch nur eines weiß ich. Die Seele des Philosophen wohnt im Kopf, die Seele des Dichters im Herzen, die Seele des Sängers weilt in der Kehle, doch die Schönheit wohnt in allem. Es ist in den Augen der Liebenden zu sehen. Das größere Leben mag reden durch mich um sich selbst zum Ausdruck zu bringen. Das menschliche Leben offenbart sich in den Augen. Gott spielt mit den Kindern. Gott wohnt in den Wolken, im Regen. Er winkt uns zu von den Bäumen und Blumen.

„Wer sich am meisten sehnt, lebt am längsten.“

Khalil Gibran

Lästig die Menschen hierzulande. Keine brennenden Augen zu sehen. Sie sind zu Leichen geworden. Ihre Besitztümer sind ihnen heilig. Sie haben Angst davor sie zu verlieren, dies ist ihr einziger Lebenswille. Sie betrachten mich als verrückt, weil ich meine Werke nicht gegen Gold verkaufe. Sie denken, alles hätte einen Preis in ihrer Welt. Sie widmen sich dem Materiellen, wir Liebenden breiten unser Herz und unser Geist aus. Sie denken, sie wären die Gastgeber auf Erden und betrachten uns Armen, als die Gäste. Auf meiner Seelenwanderung sah, ich dass die Existenz genau umgekehrt die Geschehnisse sieht.

„Ich kenne nicht die absolute Wahrheit. Aber demütig bin ich vor meiner Unwissenheit, und darin liegen meine Ehre und meine Belohnung.“

Khalil Gibran

Nur die Liebenden spielen die Flöte des Lebens. Arbeit ist nichts anderes als sichtbar gemachte Liebe. Das Leben singt im Schweigen der schaffenden Künstler. Und deren Weinen, ist rein und kommt aus schönen Welten.

„Alles ist gut, wie es aus den Händen der Natur kommt."

Johann Wolfgang von Goethe

Dankend Mutter Erde in all unseren Handlungen und Gedanken, den Flüssen, den Bächen. So zieht das Leben an uns vorbei. Die Maispflanze unsere Geschwister. Alles ist mit Leben erfüllt, die Insekten, Bäume und Sträucher. So sehen wir Liebenden das Leben, aus einem anderen Fenster, wie es die Masse sieht. Unsere Heimat ist in den Wäldern, dort finden wir die selige Einsamkeit, und finden zu unserer Familie. Den Winden vertrauen wir unsere Liebesgeschichten an, die weiße Spezies misshandelt die Romane des Lebens. Das große Geheimnis ist unsere Sprache, im Schweigen offenbart sie sich. Wer mit dem Herzen sehen, kann der erhört diese schönen Kindergeschichten. Nietzsches Tanz in seinem Zarathustra nimmt seinen Ursprung aus diesen Welten, wo wir herkommen, deswegen ist er der einzige im Westen, den wir verstehen. Wir haben keine Gebete, da wir Gott jeden Moment ehren. In unseren Liedern und Tänzen singt und tanzt Gott mit uns. Nein, wir hinterlassen keine Fußspuren in dieser Welt, mit dem Sonnenuntergang folgen wir der Sonne, auf zum Mond. Die Jahreszeiten komponieren fein, und weiblich ihren Wechsel, so folgen wir voller Weiblichkeit dem Takt der Lebenstrommel.

„Die Natur verbirgt Gott. Aber nicht jedem."

Johann Wolfgang von Goethe

All die schönen Geister sind auf der anderen Seite des Ufers, dort herrscht die Poesie. Der Schöpfer hat es so befohlen, nach seinem Willen bleibe ich hier zurück, um noch mehr des Elends dieser Welt zu schmecken. Wenige Tage sollen es hoffentlich noch sein, bis die Reise des Lebens beendet ist. Zu den schönen Menschen, am anderen Ufer mag mein Herz reisen. In das Heim der Propheten und Dichter, der Indianer, dort mag ich schnellst wie möglich hin.

„Vor langer Zeit wurde hier die Erde für uns, das Volk der Navajo, bereitgestellt. Sie gibt und Mais und wir sehen sie als unsere Mutter an. Die Erde ist unsere Mutter. Der weiße Mann richtet unsere Mutter zugrunde. Wir nutzen die Gaben der Mutter Erde unser ganzes Leben lang, und wenn wir sterben, gehen wir zurück zu ihr."

Navajo

In der Konditionierung des weißen Mannes, ist es unmöglich, dass sich Herzen öffnen. Der weiße Mann und die Gläubigen Ungläubigen sehen nicht alle Kinder als eine Familie des Himmels. Die Erde ist die Mutter aller Menschen, und alle Menschen sollten auf ihr gleiche Rechte haben. Das große Reich der Natur ist unser ewiges Zuhause, die Heimat der Liebenden. Die wahre Macht liegt beim Schöpfer, wieso streben dann die Menschen nach Macht? Das Wetter, die Tiere, die Vögel, sie alle leben in einem Zustand der Anmut, der reinen Existenz. Falsches können sie nicht tun. Das können nur wir Zweibeiner. Und wenn wir unseren Geschwistern, ja, unseren eigenen Geschwistern Falsches antun, dann tun wir in den Augen des Schöpfers das größte Unrecht der Welt. Die herrschende Kraft, ist das Leben selbst. Ihr füge ich mein Schicksal, und verneige mich vor ihren Wundern. In der Weite der Himmel, dort sitzen unsere Herzen.

„Brüder, die Weißen sind wie Giftschlangen. Ist ihnen kalt, so sind sie harmlos, doch wenn man ihnen Wärme schenkt, so beißen sie einen zu Tode."

Shawnee

Ich bin arm und nackt, doch ein Dichter anderer Welten. Reichtümer sind mir egal, das Erstreben ist die Menschen wie Wasser zu sehen. Formlos und weich. Reichtümer täten mir nicht gut. Könnte sie nicht mitnehmen in die andere Welt. Was ich möchte ist Liebe und Friede. So sollen die Menschen sich endlich ändern, bevor der Weltenwechsel stattfindet.

222

„Je näher wird der Natur sind, je näher fühlen wir uns der Gottheit."

Johann Wolfgang von Goethe

O Geht fort von mir meine Liebsten, ganz weit fort. Beschuldigt ist meine Seele um der Liebe Willen. Die kindliche Liebe war zu stark in den Bergen meines Herzen, habe sie der Welt erzählt und bekam dafür das Urteil, der Kreuzigung. Geht, fort von mir meine Liebsten, und überlasst mich meinem weinenden Herzen. Die Schönheit der Meere kommt in meinen Träumen immer näher. So wartet nicht hier auf mich. Der Morgen wird in anderen Welten auf mich warten. Die kalte, feste Erde hat genug von meinen Tränen, so steigen sie nun gen Himmel. Ich habe ein kleines Herz in mir, so seht doch, die ganze Welt hat sich gegen meine Werke verschworen. Die Geheimnisse der Liebe sind in den Mysterien zuhause. Alles auf dieser Welt wurde geformt aus Liebe und Schönheit. Der Mensch verfälschte dies und ich sprach im Namen der Schönheit. Sich den Blumen des Lebens zu widmen, bringt unausweichlich das Kreuz der Herde mit sich. Die Sonne wird nicht mehr oft für mich aufgehen, so zieht ihr davon o meine Liebsten. So haltet mich nicht zurück hier in dieser Welt. Für alles gibt es eine Zeit, der Geliebte wartet schon mit schönen Blumen auf der anderen Seite des Ufers. Nein, meine Seele hat keine Angst vor dem Ende, denn es gibt keines. Tränen haben meine Augen stets zu allen Tagen gereinigt.

„Wenn du gehst wird diese Stadt zu Schutt und Asche werden."

Burak Tuncel

Der Prozess der Liebe schreitet voran in Kinderaugen. Die Schönheit winkt aus den Augen eines Hundes. So haltet mich nicht auf, ihr Liebsten seit meine Schwachstelle, euch kann ich nicht wiederstehen. So lasst mich bitte weitergehen, denn der Weg wird voller Blumen sein und die Luft wird parfümiert mit Weiblichkeit. Genug haben meine Augen gesehen, die Geschichten der Reichen und Habgierigen. Es genügt. Ihre Geschichten stinken. Denn meine Seele ist reich an Gaben und groß durch Gottes Ruhm. So lasset mich Reisen mit den Winden heute. Nacht. Wenn die Zeit der Paarung der Winde gekommen ist, werdet ihr mir folgen in die schönen Felder. Ein ewiges Lied der Seele wollte sich verewigen in den Büchern, welche ich schrieb. Das Werk ist vollendet, die schönsten Lieder gesungen. Mehr Schönheit kann man vom Leben nicht erwarten. Ein wortloses Lied hat sich in meinem Herz ausgebreitet in der Zeit auf Erden. Er weigerte sich wortlos von dieser Welt zu gehen, so wählte er mich aus und schrieb, schrieb, schrieb, von der Ewigkeit. Im Haus meiner Seele setzte Sie sich nieder. Keiner hörte diesen Gesängen wirklich zu. Ohren betäubt, Herzen verschlossen. Strenge, intellektuelle Ohren konnten diese ewigen Lieder nicht hören. Meine Tränen offenbarten das Recht der Armen. Sie werden siegen über die Reichen eines Tages. Ja, der Tag wird kommen. Von der Seele gesungene Lieder kann man nicht bezwingen. Es ist nämlich das Lied der Liebe. Es ist ans Herz gebunden, nicht zu kaufen für die Reichen. So wagte ich Ventil zu sein für die Stimme und den Gesang Gottes zu sein. Die prophetische Botschaft aus schönen Welten. Das Lied der Blumen hier auf Erden zu dichten.

„Wenn du gehst wird es Schneien, oh die ganzen Jahreszeiten."

Burak Tuncel

Welch hässliches Werk, o Mensch. In all deinem Erstreben welches du machst, ist der höchste Zweck deines Lebens der Profit, das Geld. So beglückwünsche dein niederes Werk. Kinder und Tiere verhungern und frieren, und euer Gewissen zeigt keine Reaktion. Etwas an eurer Welt ist verkehrt, da es so ein schlechtes Gewissen erzeugt. Ja, ich kam aus fernen, tiefen Welten und bringe den Geruch der schönsten Blumen. Da die Menschheit nicht um wahre Schönheit weiß, kann sie den schönen Geruch nicht riechen und schmecken.

„Euer Gott ist nicht unser Gott. Euer Gott liebt euer Volk und hasst das meine. Er legt seinen stark schützenden Arm liebevoll um den weißen Mann und führt ihn an der Hand wie ein Vater sein Kind. Aber seine roten Kinder hat er verlassen, wenn sie wirklich seine Kinder sind."

Häuptling Seattle

Kann dein Gott singen? Kann dein Gott Schmetterlingen hinterherlaufen? Kann dein Gott wilde Blumen pflücken und sie genießen, mit Tränen in den Augen und mit Liedern? Das Herz eures Gottes ist nicht voller Lieder. Ihr wurdet betrogen von den Priestern und Imamen. Die materielle Welt im Westen kann auch nicht tanzen und lieben. Dort hat alles ein Preisschild. Alles ist käuflich. Jeder Mensch dort besitzt einen Preis, zu dem er sich verkaufen lässt. Nein, meine Worte scheren sich nicht um einen guten Ton, um gutes Benehmen, um Anstand. Habe ich sicherlich von euch gelernt. In eurer Welt haben die Menschen das Unschuldige in den Augen und Herzen verloren. So gehe ich euch aus dem Weg, gehe still an euch vorüber. Mit euch zu streiten würde keinen Sinn machen. Da ihr einen teuflischen Verstand habt und sehr geübt seit im Streiten, da eure Welt auf Streiten aufgebaut ist. Ihr habt raffinierte Argumente. Sonst, nichts. So meide ich eure bösen Augen. Ihr nennt eure Welt als Gewaltlos und Modern. Doch dies ist die hässlichste Erscheinung der Welt. Nein, ihr seid keine guten Menschen. Ihr versteckt euch hinter falschen Tugenden. Ihr unterdrückt nur euren Hass. Mit euch kann ein Liebender sich nicht wohl fühlen. Etwas Gefährliches lauert in euren Gesichtern. Schaut euch die Tiere an, sie haben Angst vor euch. Man kann es spüren, man kann es anfassen. Es treibt förmlich aus euch heraus.

„Der Gott des weißen Mannes liebt unser Volk ganz sicher nicht, sonst würde er es beschützen. Wir sind wie Waisen, denen niemand hilft."

Häuptling Seattle

Keine Gesellschaft will Andersartige, möchte Außenseiter. Warum hat die ganze Welt Angst vor den feinfühlenden Wesen? Die Nekrophilie wird in eurer Welt geachtet und geduldet, doch die Liebe bleibt auf der Strecke. Die Nekrophilie, die Liebe zum Toten ist ein fester Bestandteil dieser korrupten Gesellschaft hier in Deutschland. Sie muss für ewig fortwähren. Aus dem gleichen Grund hat man Sokrates zum Tode verurteilt. Die Menschen möchten einfach nicht mit ihren eigenen Ohren hören, oder mit den eigenen Augen sehen. Alles wird ihnen vorgeschrieben, wie sie zu leben haben. Über die Liebe nachzudenken ist erlaubt, doch sie auszuleben ist verboten. Die Psychologen sind die modernen Priester. Meine Werke dienen dazu, dass alle anderen auf der Welt auch frei, liebevoll und anmutig werden. Dass, man selbst zu einer Revolution wird. Die gewöhnliche, schlafende Masse hinter sich zu lassen. Ist dies zu viel verlangt?

„Ein trauriger Wind weht in der Ferne. Ein hartes Schicksal kreuzt den Pfad des roten Mannes."

Häuptling Seattle

Aus den Kindern können Shakespeare, ein Michelangelo, ein Beethoven werden. Die Kinder sind die wahren Wunder. Doch, die Gesellschaft mag nicht, dass Kinder zu Genies werden. Sie mag produzieren Arbeiter und Sklaven. Je mehr Einschränkungen und Verbote es gibt, desto mehr verarmen die Menschen. Je mehr Gesetze verabschiedet werden, desto mehr Diebe erscheinen. Wer sich satt isst, während sein Nachbar Hunger leidet, ist gegen das Leben.

„Tragt keine Beutel noch Schrift noch Schuhe und begrüßt niemand unterwegs."

Jesus von Nazareth

Meine Gedichte verkünden der Welt, dass ein Mensch zum Dichter geworden ist. Es ist eine kleine Kostprobe von dem Duft, der im Dichter geboren wurde. Er ist nicht mehr der Gleiche. Er ist kein gewöhnlicher Sterblicher mehr, er ist in Konkurrenz zu den Göttern getreten. Er hat etwas geboren, etwas erschaffen. Es ist das Weiche, welches Erschafft. Es überwindet all die harten Welten. Der weiche Lebensstil besiegt alles Starre. Unterdessen bewegen sich die Sonne und der Regenkiesel über die Welt hinweg und die Lieder der Dichtung werden für immer gesungen werden.

„Wenn das einzige Gebet, das ihr im Leben gesagt habt, „Danke" ist, so würde dies genügen."

Meister Eckhart

Warum müsst ihr in eurem alltäglichen Treiben, beim Arbeiten, alles mit Gewalt nehmen, was ihr durch Liebe bekommen könntet? Warum müsst ihr durch Konkurrenz und Wettbewerb alles Schöne auf der Welt vernichten? Was erreicht ihr mit Krieg? So leidet ihr an geistigem Hunger, weil ihr den Liebenden Unrecht getan habt. Was ist der Grund für eure Eifersucht? Von hier oben seht ihr sehr klein aus, dies muss euer Problem sein. Euer Verhalten macht unsere Herzen unruhig. So oft wird die Welt vom weißen Menschen getäuscht, wieso sollten wir Vertrauen in euch haben? Wir verstehen einander einfach nicht. Wir sind dankbar in allem was wir sehen, ihr nur Streitsüchtig und Habgierig. Wir sind im Einklang mit dem großen Geheimnis. Ihr leugnet alle schönen Geheimnisse der Welt.

„Bruder, du sagst, du bist nicht gekommen, um unser Land zu stehlen oder unser Geld, sondern um unseren Geist zu erleuchten. Du musst wissen, dass ich bei euren Versammlungen war und gesehen habe, dass ihr dort Geld gesammelt habt."

Häuptling Red Jacket

Wo ist das edle Reden geblieben? Die Menschen reden hässlich zueinander. Das Poetische, das Zarte scheint nicht in die Münder der Masse zu finden. So hat meine Poesie sich verlaufen bei euch. Das Kreuz wartet auf meine Schriften. Wenn es so ist, dann muss es so sein. Nur drei Frauen kamen zu Jesus, um seinen Leichnam vom Kreuz zu nehmen. Das ist symbolisch. Mal sehen, wer meinen Leichnam vom Kreuz nehmen wird? Die Männer sind die größten Angsthasen der Menschheitsgeschichte. Sie kennen nur Strafen und Gewalt. Das Herz ist unschuldig, so unschuldig wie ein Kind.

„Wie schwer kommen die Reichen in das Reich Gottes. Es ist leichter, dass ein Kamel gehe durch ein Nadelöhr, als dass ein Reicher in das Reich Gottes komme.“

Jesus von Nazareth

Umso mehr Menschen besitzen, umso Armseliger ist es mit ihnen. Liebe heißt Geben, Liebe heißt Teilen, ohne jeden Gedanken an Gewinn, an Belohnung. Was du hast, das gibst du her, gibst du denen, die nicht haben. Wer keine Ehrfurcht vor dem Leben hat, ist bereits seelisch tot. Angst und Unwissenheit ist die Wurzel allen Übels. Wer von Göttlichkeit gekostet hat bringt sich in Schwierigkeiten bei der schlafenden Masse. So ziehen die Liebenden wie Bettler durch die Straßen um nicht erkannt zu werden. Die Masse würde sie Steinigen. Sie würde es ihnen nicht verzeihen. Wenn die Masse das Kaiserliche in den Liebenden Wesen sieht wird sie sehr Böse. So schützen die Liebenden sich, indem sie wie Bettler sind. So lassen wir sie glauben, dass wir nichts wissen.

„Es ist sehr gefährlich, ekstatische Menschen unter die Unglücklichen zu schicken. Sehr gefährlich. Wer auf der Straße tanzt, findet sich früher oder später bei der Polizei wieder. Wenn du lachst und tanzt, muss etwas mit dir nicht stimmen. Du darfst nicht auf die Welt losgelassen werden. Du bist gefährlich.“

Osho

Der Herde fremd ist die Sprache des Glücks. Wer von technischen Apparaten umgeben lebt, so wie der moderne Mensch heute, der wird nach und nach Unwirklich werden. Ein Kind wird voller Vertrauen geboren, der moderne Mensch hat kein Vertrauen in das Leben.

„Wenn er mit anderen Jungen um die Wette lief und einen Vorsprung hatte, so verlangsamte er absichtlich sein Tempo, so dass sie vor ihm das Ziel erreichten. Oft nahm er von unserem Essen und teilte es den Vorübergehenden aus, oder er schenkte den Kindern die Süßigkeiten, die er von mir erhalten hatte, ohne selbst davon zu kosten. Er kletterte auf die Bäume meines Obstgartens, aber die Früchte, die er pflückte, waren nie für ihn selber bestimmt."

Jesus Menschensohn, Khalil Gibran

Der Tag ist gekommen oh Liebste. Die Lerche und die Nachtigall haben gemeinsam ihre Lieder gesungen. Der Mond ist ganz leise von Dannen gezogen. Die Sonne scheint nicht mehr. Das Stück endet nun. Blutig wird die Angelegenheit. An den Händen der Masse klebt Blut. Sie mordeten die Schönheit auf der Bühne. Das schönste Stück gewidmet den Liebenden hier auf Erden, hat nun ein Ende. Gespielt wird weiter in schönen, anderen Welten wo Shakespeare und Vincent Van Gogh warten. Eine Bühne wird Teilen nun Burak mit den schaffenden Künstlern der Unendlichkeit. Die Welt ist nun mal eine Hölle für die zarten Wesen. Was bedeutet Liebe? Nicht ja sagen, zu dem Leben welches sie uns aufzwingen. Mein dichterisches Dasein auf der Bühne war wie Nebel in der Nacht. Er regierte die Nächte, während die Menschen schliefen.

Da küsste er einen jeden von uns auf die Wangen. Und als seine Lippen unsere Wangen berührten, waren sie heiß wie die Hand eines Kindes, das Fieber hat. Wir, die wir ihn liebten, sahen ihn mit diesen unseren Augen, die er sehend machte, und wir berührten ihn mit diesen unseren Händen, die er lehrte, weiter als gewöhnlich zu reichen. Ich kenne euch, die ihr nicht an ihn glaubt. Er war Meister aller Sänger. Meister, der unausgesprochenen Worte. Er sang, selbst wenn niemand ihn beachtete.

Er war Meister aller Dichter, Meister der gesungenen und gesprochenen Worte. Sie rühmten nicht diesen lebendigen Menschen, den ersten, der ihre Augen öffnete. Nein, sie kannten ihn nicht, und wollten ihm nicht gleichen. Meister aller Sänger, deine Tränen waren wie Wellen des Meeres. Deine Worte waren das ferne Flüstern der liebenden Winde. Er weinte für die Augen der Menschen. Du warst Dichter aller Dichter, König über allen Königen. Schau, die Kinder singen deine Lieder. In den Straßen der Scham warten die Prostituierten auf der Suche nach Liebe auf deine Umarmungen und Küsse. Das Herz der Welt pochte mit deinem Pulsschlag. Niemand vermochte zu deiner Lebenszeit die Gipfel deiner Berge erklimmen. Du wurdest verachtet und verschmäht. Dein Stift war scharf wie das Schwert eines Ritters. Weder Bogen, noch Lanzen können deine Schriften aufhalten. Aus deinen Höhen lächelst du nun hinab. Dichter, Sänger, unermessliches Herz, möge Gott deinen Namen segnen, den Schoß, der dich trug, und die Brust, die dich stillte.

„Und möge Gott uns allen Verzeihen."

„Nichts anderes zu tun, als dein Gesicht zu betrachten, ist eine Sünde gegen die Religion. Seitdem du mir dein Gesicht gezeigt und meinen Geist und meinen Glauben gefangen hast, wurde alles zu einem Galgen für die Seele Buraks. Meine Seele wurde deinetwegen wahnsinnig, verrückt. Mein Herz wurde zu einem Ozean. Wie könnte es sich umdrehen und einen andern Geliebten anschauen? Seitdem ich sein Gesicht gesehen habe, kann ich andere Menschen nicht anschauen. Ein Blick von ihm, und ich bin betrunken."